DAVID KIDDER
CHRISTINA WALLACE

DO NOVO AO GRANDE

O MÉTODO QUE
AJUDARÁ SUA EMPRESA A INOVAR COMO UMA
STARTUP E CRESCER DE FORMA PERMANENTE

Tradução
Cristina Yamagami

Benvirá

Copyright © 2019 by TGOS LLC

Título original: *New to Big – How Companies Can Create Like Entrepreneurs, Invest Like VCs, and Install a Permanent Operating System for Growth*

Direção executiva Flávia Alves Bravin
Direção editorial Renata Pascual Müller
Gerência editorial Rita de Cássia da Silva Puoço
Edição Tatiana Vieira Allegro
Produção Verônica Pivisan Reis

Preparação Maria Silvia Mourão Netto
Revisão Laila Guilherme
Diagramação Adriana Aguiar Santoro
Capa Deborah Mattos
Impressão e acabamento Gráfica Paym

Dados Internacionais de Catalogação na Publicação (CIP)
Angélica Ilacqua CRB-8/7057

Kidder, David

Do novo ao grande : o método que ajudará sua empresa a inovar como uma startup e crescer de forma permanente / David Kidder, Christina Wallace ; tradução de Cristina Yamagami. – 1. ed. – São Paulo: Benvirá, 2021.

240 p.

Bibliografia
ISBN 978-65-5810-022-5 (impresso)
Título original: New to Big – How Companies Can Create Like Entrepreneurs, Invest Like VCs, and Install a Permanent Operating System for Growth

1. Empreendedorismo. 2. Gestão. 3. Ambiente de trabalho. I. Título. II. Wallace, Christina. III. Yamagami, Cristina.

20-0445	CDD 658.3 CDU 658.331.1

Índice para catálogo sistemático:
1. Empreendedorismo

1ª edição, janeiro de 2021

Nenhuma parte desta publicação poderá ser reproduzida por qualquer meio ou forma sem a prévia autorização da Saraiva Educação. A violação dos direitos autorais é crime estabelecido na lei nº 9.610/98 e punido pelo artigo 184 do Código Penal.

Todos os direitos reservados à Benvirá, um selo da Saraiva Educação.
Av. Paulista, 901 – 3º andar
Bela Vista – São Paulo – SP – CEP: 01311-100

SAC: sac.sets@somoseducacao.com.br

CÓDIGO DA OBRA 704108   CL 670971   CAE 736161

Este livro e a Bionic não existiriam se não fosse pela imaginação, pelo estímulo e pela motivação de duas mulheres incríveis: Beth Comstock e nossa cofundadora, Anne Berkowitch. Este livro é dedicado a vocês e a toda a tribo da Bionic. Somos mais do que gratos!

Uma vez Bionic, sempre Bionic.

Um brinde aos loucos... Porque as pessoas que
são loucas a ponto de achar que podem mudar
o mundo são as que realmente fazem isso.

ROB SILTANEN

SUMÁRIO

1 | Do Novo ao Grande.. 11

2 | Como chegamos aqui 21

3 | Do Mercado Total Disponível (TAM) ao Problema Total
Disponível (TAP) 35

4 | O desafio do líder de crescimento.. 53

5 | Descubra uma grande necessidade não satisfeita do cliente..... 85

6 | Valide como um empreendedor... 109

7 | Invista como um venture capitalist 137

8 | O mais importante são as pessoas.. 165

9 | Instale uma capacidade permanente de crescimento 187

10 | Parta para o ataque... 215

Agradecimentos 221

Glossário 225

Notas 229

Fontes 237

DO NOVO AO GRANDE

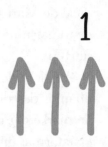

"O que você planeja fazer quando essa parceria não der certo?" A pergunta era simples, mas, vinda de dois dos mais respeitados e bem-sucedidos investidores de venture capital*, Marc Andreessen e Ben Horowitz, foi um enorme balde de água fria. Eles estavam fazendo a análise de *due diligence* para decidir se investiriam na Série C da rodada de financiamento para a Clickable, minha startup que então tinha quatro anos, e eu simplesmente não sabia o que dizer. Eu nunca tinha pensado nessa possibilidade, achando que bastava querer para fazer dar certo. Como se tivéssemos combinado, todos rimos nervosamente enquanto eu tentava controlar a adrenalina.

Como empreendedor, passei mais ou menos os últimos 20 anos suando a camisa e obtendo certo sucesso com a criação de várias startups com fundos de venture capital. Já levantei mais de 50 milhões de dólares em capital semente e de crescimento e vendi duas empresas. Só que, uma década atrás, diante daquela dose cavalar de franqueza ra-

---

* O venture capital – também conhecido como capital de risco – é uma modalidade de investimento com alto nível de risco, focada em empresas de baixo e médio porte que possuem grande potencial de crescimento. O objetivo desse tipo de investimento é não só injetar capital na empresa para fazê-la a crescer, mas também influenciar na gestão do negócio. [N. E.]

dical de Marc e Ben, fiquei paralisado ao perceber que tinha acabado de tomar uma decisão irreversível e fatal no futuro de minha adorada startup.

A Clickable era pioneira no cenário de busca e marketing social. Tínhamos descoberto um verdadeiro ponto de dor do cliente: o pessoal de marketing digital das empresas precisava administrar uma série de plataformas diferentes, sem saber ao certo qual delas faria diferença. Em vista desse problema, criamos e patenteamos o Act Engine, um painel que usava algumas das primeiras formas de aprendizado de máquina para analisar buscas e campanhas sociais para que os profissionais de marketing soubessem mais ou menos no que deveriam focar a cada dia.

Estávamos no lugar certo no momento certo e conseguimos levantar rapidamente mais de 22 milhões de dólares em nossas rodadas de financiamento das Séries A e B com alguns dos venture capitalists[**] mais respeitados do mundo. No entanto, logo no começo, identificamos um problema de alinhamento entre nosso produto e o mercado em que queríamos entrar ou, em outras palavras, nosso *product/market fit*. Na verdade, havia dois grupos de clientes que precisavam do nosso serviço: grandes empresas, responsáveis por uma parte substancial dos gastos em marketing on-line, e empresas menores, que tinham as mesmas dificuldades, mas muito menos verba para gastar em uma solução.

O mais óbvio seria nos direcionar às grandes empresas. Afinal, qualquer empreendedor diria que o cliente ideal é "o cliente rico que tem algum problema para resolver". Só que nossos primeiros clientes tinham sido as empresas menores e não queríamos abandoná-las para nos voltar a um mercado mais abastado. Como decorrência de termos ficado presos aos "anos de patinho feio da adolescência", nossa taxa de crescimento não atingia a projeção exponencial necessária para levantar outra rodada de financiamento, e estávamos queimando capital rapidamente. Era o dilema clássico de uma startup.

[**] Venture capitalist é o nome dado ao investidor do fundo de venture capital. [N. E.]

Então, quando uma empresa de serviços financeiros da Fortune 100 bateu à nossa porta em 2009, interessada em uma parceria estratégica, nós a vimos como a bala de prata que acabaria com todos os nossos problemas de crescimento. Eles estavam criando um pacote completo de soluções de marketing digital para empresas de pequeno e médio porte, e nosso Act Engine se encaixava com perfeição na estratégia deles. Tinham pagado uma fortuna a uma famosa consultoria para analisar e recomendar um parceiro de tecnologia e essa empresa havia escolhido a Clickable, o que resultou em uma parceria multimilionária para lançar uma versão *white label* (sem marca) de nossa plataforma para seus clientes de pequeno porte. Como seria de esperar, os clientes da empresa se comportaram exatamente como nossos primeiros clientes: eles experimentaram o produto, adoraram, mas o abandonaram ao fim do período de teste grátis porque não tinham condições de investir na versão paga. A ideia de oferecer "o melhor plano que você pode comprar" foi por água abaixo. A parceria não conseguiu resolver nossos problemas e até os agravou, exatamente como Marc e Ben tinham previsto. Como fundadores e investidores seriais, eles tinham muita experiência acumulada, conquistada a duras penas, e sabiam as respostas das quais tanto precisávamos, mas que desconhecíamos.

Convencido de que ainda conseguiríamos fazer o crescimento da Clickable pegar no tranco, comecei uma peregrinação para aprender com os melhores empreendedores (vivos) do mundo. Eu queria saber o que tinha levado os fundadores de maior sucesso a decidir apostar a vida em um negócio e o que haviam feito nos cinco primeiros anos para manter essas empresas vivas e prosperando. O que começou como uma série de conversas com empreendedores como Elon Musk, Reid Hoffman, Sara Blakely, Robin Chase, Steve Case e mais de 40 outros fundadores incríveis, se transformou em meu último livro, *The Startup Playbook*.

O que aprendi foi que, embora cada caso fosse um caso, todos os fundadores de startups tinham uma mentalidade e uma visão praticamente idênticas que usavam para identificar a raiz de um problema do cliente e escalar uma solução para transformá-la em um negócio. Essas mentalidades de crescimento foram resumidas em um modelo que chamei de Cinco Lentes. (Analisaremos em detalhes três dessas lentes no Capítulo 6.)

A maioria dos empreendedores dirá que as melhores ideias e as maiores oportunidades costumam ser descobertas por uma pessoa que está no lugar certo no momento certo, e, na história que vou contar, esse lugar e esse momento foram a Conferência TED de 2010, enquanto eu tomava café da manhã com Beth Comstock, então vice-presidente sênior e diretora comercial e de marketing da General Electric (GE). Dois anos depois, eu venderia a Clickable.

Beth e eu éramos amigos há uma década, e já era uma tradição nossa tomar café da manhã no TED todos os anos para conversar e pôr em dia as nossas várias aventuras profissionais e familiares entre as apresentações de algumas das mentes mais criativas e brilhantes dos campos das artes, tecnologia e política, entre outros. Eu estava descrevendo as Cinco Lentes do *The Startup Playbook* quando Beth me interrompeu e exclamou: "Precisamos aprender isso na GE!".

Já fazia tempo que ela vinha abraçando a função de inovadora na empresa, liderando suas iniciativas de transformação digital (incluindo supervisionar a fundação do Hulu) e suas ações para reduzir o impacto ambiental (incluindo a criação da iniciativa Ecomagination), e recentemente tinha assumido o cargo de diretora comercial. Ninguém conhecia mais do que ela sobre as dificuldades que a GE enfrentava para manter seu espírito empreendedor e para operacionalizar as mentalidades e os sistemas de crescimento. "Venha trabalhar comigo para implantar essa ideia na GE", ela insistiu.

Eu hesitei. Sou um empreendedor, não um consultor, e estava profundamente comprometido, tanto pessoal quanto moralmente, com minha equipe e os investidores da Clickable para cruzar a linha de chegada, independentemente do custo pessoal ou do tempo que seria necessário para chegar lá. Decidimos deixar a ideia de lado por ora. Dois anos mais tarde, contudo, depois que vendemos a Clickable e apenas alguns meses antes da publicação de *The Startup Playbook*, Beth me convidou para participar de seu painel de palestras no Encontro de Lideranças Globais da GE em Boca Raton, na Flórida.

O que aprendi com minha experiência, já tendo empreendido quatro vezes, e como investidor-anjo em mais de 30 startups foi que as oportunidades revolucionárias de negócios podem até parecer surgir por acaso, mas podem ser sistematicamente identificadas e escaladas. Do mesmo modo como um curso de MBA ensina uma forma de gerenciamento para administrar e promover o crescimento de negócios existentes, o empreendedorismo e o venture capital constituem, juntos, uma forma de gerenciamento para descobrir e construir novos negócios. E o crucial é que os empreendimentos precisam desses dois fatores. É o ecossistema criado pelos dois que alimenta inovações revolucionárias. Esse foi o valioso insight que aprendi a duras penas com a Clickable e nossa parceria fatal com aquela empresa da Fortune 100. Mas valeu o esforço. Eu não podia deixar de compartilhar esse insight no Encontro de Lideranças Globais da GE.

A dificuldade seria encontrar uma boa maneira de apresentar esse novo *ethos* e esse novo sistema em um ambiente corporativo tradicional. As corporações são focadas na excelência operacional e em melhorias incrementais por meio da eficiência e de ajustes em processos. Nos cursos de MBA, os executivos aprendem a pegar algo grande e torná-lo maior. Eles aprendem um conjunto de ferramentas para operar o que chamamos de a máquina do "Grande ao Maior". Por outro lado, a mentalidade, os mecanismos e as metodologias integradas do empreendedorismo e do venture capital são concebidos e calibrados para descobrir novas necessidades dos clientes e criar soluções inovadoras que o mundo ainda não viu. É o conjunto de ferramentas da máquina do "Novo ao Grande".

O que vinha preocupando Beth na GE, ou seja, a dificuldade de inovar usando a máquina do Grande ao Maior, era um desafio enfrentado por praticamente todas as grandes organizações e empresas. A GE não detinha o monopólio desse problema. Pelo contrário, o problema era visto por toda parte. A inovação corporativa está entrando em colapso no nível do seu DNA porque a máquina do Grande ao Maior foi projetada para ser incompatível com a do Novo ao Grande. Essa abordagem bate de frente com o crescimento. As ideias verdadeiramente inovadoras são por demais arriscadas, amorfas e polêmicas para sobreviver às métricas e aos processos de avaliação que as empresas "bem administradas" aplicam aos investimentos de capital.

A Bionic nasceu na conferência da GE em Boca Raton. Não foi nada planejado, mas aconteceu com uma única pergunta provocativa. Quase no fim da sessão, Beth surpreendeu os três participantes do painel quando nos perguntou se tínhamos alguma dúvida sobre a GE, já que não éramos da empresa. De improviso, olhei para o então CEO, Jeffrey Immelt, sentado na primeira fila de uma plateia de 700 executivos, e lancei esta pergunta: "Jeff, quantas startups de 50 milhões de dólares a GE lançou no ano passado?". O nervosismo da plateia foi palpável. "Aposto que a resposta é zero", continuei. "E, se for verdade, eu, no seu lugar, ficaria aterrorizado. Com 90 bilhões de dólares no banco e 300 mil funcionários, como é que a empresa não investe mais em pequenas startups?"

O silêncio foi ensurdecedor.

Depois de um tempo, Beth, aturdida, quebrou o gelo tentando fazer uma piada: "E aí, Jeff? O que você acha disso?". A plateia bateu palmas friamente enquanto eu saía do palco, com a certeza de que minha carreira acidental de três horas como um "líder de ideias" tinha acabado de ir por água abaixo. Só que o que acabou acontecendo foi que Jeff encerrou o encontro anual com uma declaração ousada: "Essa foi a pergunta mais importante de toda a história deste nosso encontro de lideranças".

Ainda em Boca Raton, eu já tinha concordado em trabalhar em parceria com Beth. No ano seguinte, comecei meu trabalho na GE com uma série de palestras sobre mentalidades de crescimento e de startups, ao lado do brilhante Eric Ries, que estava escalando seu modelo da Startup Enxuta para empresas. O trabalho se expandiu rapidamente para incluir a Boeing e a Tyco com a aplicação de uma versão inicial da metodologia de Validação da Bionic (algo parecido com uma aceleradora de startups, adotando o modelo da experimentação enxuta).

Com o aumento da demanda, precisei criar um "sistema operacional" mais robusto para a máquina do Novo ao Grande, por assim dizer. Em vista disso, com os empreendedores Anne Berkowitch e Rick Smith e alguns integrantes da minha equipe da Clickable, cofundei uma nova empresa, a Bionic, para atender a essa demanda. Nos últimos seis anos, trabalhamos com mais de uma dúzia de parceiros, incluindo Citigroup, Procter & Gamble, Nike, Exelon, Microsoft e outros. Autofinanciamos nossa startup para incluir mais de 75 outros empreendedores, investidores de estágio inicial e criadores de produtos talentosos para ajudar a Bionic a avançar e refinar esse Sistema Operacional de Crescimento. Esse sistema alia as mentalidades, as ferramentas e as plataformas do empreendedorismo com as do venture capital e dá suporte a esse ecossistema usando os sistemas organizacionais dos quais as empresas precisam para trabalhar com a velocidade, o custo e a competitividade das startups. O modelo se tornou uma maneira integrada e incrivelmente eficaz de promover o crescimento.

Depois de seis anos implantando o Sistema Operacional de Crescimento em mais de uma dúzia de parceiros da Fortune 500, queríamos compartilhar algumas lições importantes. Acredito que esses insights são relevantes para qualquer pessoa em busca de crescimento, não importa se você trabalha em uma grande empresa ou uma ONG de sua cidade, se é o presidente de uma empresa madura de pequeno ou médio porte ou um gerente de nível intermediário, interessado em saber quais são as questões que fazem a liderança sênior perder o sono à noite.

Veja alguns pontos de destaque:

As grandes organizações são incapazes de inovar?

Em resumo: não.

Elas só precisam reconhecer a necessidade de criar uma máquina do Novo ao Grande para atuar em conjunto com o modelo do Grande ao Maior, que elas já dominam. O modelo do Novo ao Grande descobre, valida e desenvolve novas ideias para transformá-las em grandes empresas de, digamos, cerca de 50 milhões de dólares. Em seguida, o modelo do Grande ao Maior pega essas empresas e as escala para 500 milhões de dólares ou mais, alavancando os clientes, a capacidade de produção, a distribuição e a marca da empresa, ou seja, os maiores pontos fortes do modelo do Grande ao Maior. O sucesso do Novo ao Grande depende apenas do CEO. Não se trata de um problema de dinheiro, ideias ou talentos, mas de permissão e propriedade, e tudo começa no topo.

Como planejar o crescimento nessa máquina do Novo ao Grande?

A resposta surpreendente é que não se trata de um processo planejado. Pelo menos não segundo o modelo linear e esquematizado de planejamento que você deve estar imaginando. Você precisa descobrir o crescimento e "orientá-lo", aplicando o que chamamos de abordagem de portfólio.

Ninguém sabe quais serão as tecnologias, as tendências e os mercados do futuro, e as mudanças são rápidas demais para aplicar uma abordagem tradicional de planejamento de negócios. O futuro será bem diferente do passado, e tentar aplicar expertise, dados ou insights ultrapassados só garantirá fracassos dispendiosos. Portanto, em vez de investir uma montanha de capital em um punhado seleto de novos empreendimentos, em uma abordagem muitas vezes chamada de *rack-and-stack*, as empresas precisam alavancar o poder dos portfólios, fazendo dezenas de pequenas apostas e usando as ferramentas de Descoberta e Validação para revelar as melhores apostas. Investidores-anjos e venture capitalists fazem isso naturalmente, e as grandes empresas podem usar a mesma estratégia. **A ideia é aprender rápido e saber que o vencedor é quem consegue aprender mais depressa.**

É possível aplicar a metodologia do Novo ao Grande a um produto ou serviço que uma empresa já esteja desenvolvendo?

Sim, mas saiba que pode ser necessário voltar atrás (mesmo se o produto ou serviço já estiver no mercado).

Você precisa começar garantindo que o produto ou serviço em desenvolvimento está resolvendo um problema *do seu cliente*, em vez de resolver um problema *da sua empresa*. A inovação na criação de mercados (*market-making innovation*) não deve se basear na empresa, mas sim nos problemas ou necessidades do mundo que sua empresa está estrategicamente posicionada para resolver. Saia da empresa e observe os novos comportamentos, as mudanças nas forças de mercado e as tecnologias emergentes que definirão suas ofertas e como elas serão produzidas. Para descobrir o crescimento, você precisará parar de ver o mundo "de dentro para fora" e começar a ver o mundo "de fora para dentro". Você jamais encontrará o crescimento disruptivo nas crenças internas de sua empresa, baseadas no consenso.

Tudo o que você lerá aqui se fundamenta em uma combinação de pesquisas, ciência de decisão, expertise de nossos consultores e parceiros e nossa experiência de trabalho com empresas da Fortune 500. Minha equipe e eu procuramos criar uma metodologia que incluísse nossos métodos e explicá-la em uma linguagem simples para capacitar

1 | Do Novo ao Grande 19

todos os leitores a refletir, experimentar e aplicá-la da maneira mais adequada à sua organização. Este livro foi escrito por toda a equipe da Bionic, com a brilhante orquestração de minha sócia, Christina Wallace.

Em geral, tentamos apresentar os conceitos em termos relativamente amplos, explorando algumas táticas, mas evitando o excesso de detalhes. Apresentamos uma base e deixamos que você decida como montar a estrutura necessária em sua organização. Estamos convencidos de que "refundar" empresas icônicas (incluindo o desenvolvimento da próxima geração de líderes de crescimento nessas empresas) é a maior oportunidade e o maior desafio de liderança da presente era. Foi por isso que criamos a Bionic. Neste livro, Christina e eu lhe daremos as ferramentas e o incentivaremos a usá-las de maneira que complementem o modelo de negócio e as metas de crescimento de sua empresa.

No Capítulo 2, falaremos um pouco sobre o contexto histórico que faz com que empresas de todos os setores tenham tanta dificuldade para promover a verdadeira inovação na criação de mercados. Agora, se você já quiser colocar as mãos na massa, pule para o Capítulo 3, que descreve as primeiras mudanças básicas de mentalidade que você precisará promover em sua organização.

De qualquer maneira, seja bem-vindo! Bem-vindo ao que esperamos ser um manual eficaz, acessível e inspirador para instalar uma máquina de crescimento permanente e em constante funcionamento. Bem-vindo ao poder do modelo Novo ao Grande!

COMO CHEGAMOS AQUI

Em 2001, a lista de empresas com maior capitalização de mercado era dominada por grandes e respeitadas corporações (as *blue chips*). GE, Microsoft, ExxonMobil, Walmart e Citigroup – todas empresas lideradas por executivos que dominavam a eficiência e a otimização e que promoveram o crescimento da empresa melhorando o que elas já faziam bem. Hoje, a lista é bastante diferente. No momento em que escrevemos estas linhas, Apple, Amazon, Alphabet, Microsoft e Facebook ocupam o topo da lista, com Tencent e Alibaba logo atrás. Em sua maioria, são empresas jovens lideradas pelos fundadores e sua equipe, conduzidas por ousados líderes de primeira geração que priorizam continuamente o novo crescimento mais do que a eficiência em seus negócios essenciais.

Muitas coisas aconteceram entre 2001 e os dias de hoje para chegar a essa mudança, mas é inegável que o mercado passou a recompensar essas empresas pioneiras, respaldando a visão delas e investindo continuamente no novo crescimento. Já faz um bom tempo que as grandes empresas vêm tentando reagir a esses desdobramentos, em grande parte aplicando os métodos das startups, como experimentação enxuta, design thinking e desenvolvimento ágil. No entanto, focar nas táticas empreendedoras sem mudar a mentalidade da liderança não é mais do que colocar um band-aid no problema.

Antes de começarmos a explorar maneiras melhores de lidar com o novo crescimento, precisamos saber como a mentalidade da eficiência dominou o mundo dos negócios (e como essa mentalidade não era inevitável, nem tão eficaz).

O capitalismo como forma de patriotismo

As empresas de capital fechado do fim do século 19 eram administradas pelas famílias que as fundaram. Na época em que o planeta era dominado pelos Carnegie e pelos Rockefeller da vida, os filhos desses fundadores, independentemente de seu interesse ou capacidade, quase sempre herdavam o império dos pais. Empregados eram contratados, mas os principais executivos eram todos da família.

Esse sistema pode nos parecer pitoresco hoje em dia, mas, na época, esperava-se que as empresas familiares fossem responsáveis e direcionassem seus negócios para ajudar a comunidade. O governo americano criou um ambiente fértil para promover o crescimento e a prosperidade das empresas, e a orientação era que as organizações que se beneficiavam desse ambiente se comportassem com dignidade e gratidão.[1] Essas empresas foram construídas para cuidar de seus funcionários, clientes e acionistas basicamente em igual medida.

Tal atitude foi adotada praticamente por todas as empresas, mesmo quando as famílias proprietárias de grandes corporações começaram a delegar a administração para gestores profissionais. No entanto, no início dos anos 1930, os economistas estavam dizendo que uma administração separada dos proprietários era indispensável para o sucesso da empresa no longo prazo. A era que se seguiu costuma ser chamada de "capitalismo gerencial", em que o direcionamento de organizações gigantescas passou dos fundadores e proprietários a mercenários contratados.[2]

Muitos desses CEOs e executivos se propuseram a agilizar as organizações que administravam. Entre as décadas de 1930 e 1950, a economia americana tinha um capital disponível bastante limitado, de modo que os líderes corporativos precisavam extrair o maior lucro possível de cada dólar gasto. Eles aprenderam nas faculdades de administração que era perfeitamente aceitável usar sem nenhum critério os recursos que eram abundantes e baratos, mas que os recursos raros e caros precisavam ser cuidadosamente administrados. A liquidez era escassa na época, e só os investimentos que rendiam bons retornos eram considerados bem-sucedidos. E o sucesso não era mais medido diretamente em termos de lucro monetário, mas usando índices como o retorno sobre o patrimônio líquido (RONA), retorno sobre o capital empregado (ROCE) e taxa interna de retorno (TIR).[3] O desperdício passou a ser o maior inimigo, e a eficiência, o objetivo supremo.

No entanto, mesmo com a mudança nas estruturas de liderança e nas prioridades organizacionais, os valores centrais permaneciam os mesmos. Até boa parte das décadas de 1950 e 1960, as empresas construíam fábricas nas comunidades locais, investiam em inovações para fazer produtos que melhoravam a vida das pessoas, criavam milhões de empregos que alimentavam a classe média, pagavam bilhões em impostos e trabalhavam incansavelmente para fortalecer a economia americana praticamente de todas as maneiras possíveis.[4] Os primeiros CEOs defendiam vigorosamente essa mentalidade.

Foi aí que os economistas começaram a reclamar. E suas reclamações mudaram tudo.

A mudança para a satisfação dos acionistas

Em 1967, o economista John Kenneth Galbraith abalou o mundo dos negócios com a publicação de *O novo estado industrial*. Nesse livro, ele postulava que as megacorporações americanas tinham se tornado poderosas demais e não estavam mais se voltando às necessidades do público, nem dos consumidores. Dizia que essas empresas fabricavam mercados manipulando a publicidade e focando na obtenção de lucro em vez de resolver os problemas dos clientes.[5] Galbraith plantou as sementes da desconfiança nas empresas americanas, mas o que brotou dessas sementes foi surpreendente.

Os economistas Michael C. Jensen e William H. Meckling também ficaram indignados, mas em nome de um grupo diferente. Enquanto Galbraith defendia que os executivos prestassem contas aos clientes e ao público americano, Jensen e Meckling acreditavam que os executivos deveriam prestar contas aos acionistas. Para entender por quê, precisamos voltar algumas décadas.

A economia americana tinha vivido um *boom* econômico nos anos que se seguiram à Segunda Guerra Mundial. Durante essa era "dourada", muitas corporações lucravam tanto que nunca tiveram de se preocupar com escolher a quem agradar. Não faltava dinheiro a ser distribuído, e os stakeholders, os funcionários e as comunidades estavam mais do que satisfeitos. No entanto, no fim da década de 1960, a globalização e a desregulamentação começaram a afetar enormemente o cenário econômico americano. O aumento da concorrência reduziu as margens de lucro, e os executivos não tinham mais tanta liberdade para distribuir a riqueza da empresa. Então acabaram decidindo que era melhor decepcionar os acionistas do que dar menos atenção aos trabalhadores ou aos clientes.[6]

Em meados dos anos 1970, depois de uma década de lucros inexpressivos e retornos negativos, a decepção dos acionistas se transformou em indignação. Os investidores não aguentavam mais ver ações que tinham passado tanto tempo rendendo lucros perder valor de repente, e se enfureceram porque as empresas não pareciam estar fazendo o suficiente para corrigir essa situação. Diante da crescente inquietação, economistas influentes começaram a exigir uma mudança nas prioridades das empresas.

Em 1976, Jensen e Meckling lideraram o ataque publicando no *Journal of Financial Economics* um artigo incendiário intitulado "Teoria da firma: comportamento dos administradores, custos de agência e estrutura de propriedade". Esse artigo seminal serviu como uma crítica furiosa ao conceito todo do capitalismo gerencial. Esses dois respeitados economistas alegaram que qualquer empresa criada para atender às necessidades dos clientes e recompensar os administradores profissionais estava destruindo a economia. Eles também afirmavam que essas organizações estavam se esquivando de sua responsabilidade de gerar retornos para os acionistas.[7]

E as acusações não pararam por aí. Jensen e Meckling alegaram que não era possível confiar que os CEOs e administradores trabalhariam em nome dos acionistas, já que estavam preocupados demais em encher as próprias contas bancárias. As ideias de Galbraith em *O novo estado industrial* confirmaram essa premissa ao observar que a maioria das empresas se concentrava na melhoria gradual de seus produtos, e não no aumento do preço das ações. Uma empresa que montava carros, produzia queijo ou fabricava placas de circuito não era projetada para pensar em táticas para render mais dinheiro aos acionistas. As pessoas que trabalhavam nessas empresas se dedicavam a produzir carros, queijos e placas de circuito em maior quantidade e com uma qualidade melhor.[8] Basicamente ninguém estava defendendo os interesses dos acionistas.

O grito de guerra repercutiu, e em pouco tempo um número cada vez maior de empresas ouvia clamores de acionistas enfurecidos exigindo um desempenho melhor no mercado financeiro. Os CEOs perceberam que precisariam "maximizar o valor para os acionistas" se não quisessem correr o risco de perder o emprego. Com isso, os executivos se dedicaram a atender às necessidades dos acionistas e passaram a trabalhar para eles. Na década de 1980, os conselhos corporativos se encarregaram de alinhar os interesses dos gestores com os dos acionistas, muitas vezes recompensando os executivos com bônus baseados em ações da empresa para motivá-los.[9] Os acionistas, antes negligenciados, se tornaram uma força econômica poderosa e veemente.

2 | Como chegamos aqui   25

Como Lynn Stout, professora da Faculdade de Direito da Cornell, observa em seu livro de 2012, *The Shareholder Value Myth*, nenhuma lei obrigava os executivos a atender às expectativas fiduciárias dos acionistas. Os executivos deveriam ser leais à corporação, e esperava-se que agissem de acordo com os interesses da empresa. Os acionistas tinham um direito contratual ao "valor residual" da corporação após o cumprimento das outras obrigações financeiras da organização, mas nenhuma lei declarava que a liderança corporativa deveria trabalhar ativamente para aumentar esse valor residual.[10] Essa mudança não foi legalizada nem codificada, mas foi um acordo tácito entre CEOs e investidores. Um acordo que se mantém até hoje.

A ilusão do crescimento

Essa mudança radical transformou a economia e o mercado de ações. Na década de 1960, 10% das famílias controlavam 90% das ações corporativas dos Estados Unidos. Já na década de 1980, depois da mudança para apaziguar os acionistas, fundos de pensão, fundos mútuos e investidores institucionais passaram a controlar 60% das ações. Além disso, os administradores de fundos de hedge, sedentos de altos retornos trimestrais, mudaram a própria natureza dos investimentos. No decorrer dos anos 1960, as pessoas tendiam a comprar ações e passar anos sem vendê-las. O número de ações compradas e vendidas na Bolsa de Valores de Nova York (um fenômeno chamado de *turnover*) era, em média, apenas 20% ao ano.[11] Com o novo foco em lucros rápidos e a obsessão por resultados trimestrais, os anos 1980 viram as taxas de *turnover* decolar para mais de 70%. Os administradores de fundos mantinham uma ação, em média, por apenas 12 meses.[12] Se uma ação não estivesse apresentando um bom desempenho trimestral, os administradores de fundos a descartavam sem pensar duas vezes. (E o descarte de ações, ou *dumping*, continua sendo uma prática popular: em 2015, as taxas de *turnover* ficaram em torno de 150%.[13])

A consequência foi que, dentro das quatro paredes da empresa, os líderes eram levados a produzir ganhos imediatos que rendiam retornos progressivos aos acionistas. Os executivos perderam de vista os objetivos de entregar as melhores soluções para os consumidores e cumprir suas responsabilidades em relação a funcionários, fornecedores e comunidades. Qualquer atividade que deixasse de aumentar os preços das ações despencava na lista de prioridades e era abandonada.

Os executivos continuaram usando índices focados na eficiência para medir o sucesso, mas criaram maneiras engenhosas de manipular esses índices para se beneficiar. Como o RONA, o ROIC (retorno sobre o capital investido) e o TIR são frações, esses índices podem ser manipulados para alterar o numerador *ou* o denominador. Gerar mais lucros aumentaria o numerador, elevando o RONA ou o ROIC. No entanto, é mais difícil gerar um novo crescimento do que cortar custos, de modo que, naturalmente, muitos executivos passaram a cortar custos para reduzir o denominador, o que tinha o mesmo efeito líquido de aumentar o índice. A TIR podia ser elevada aumentando o lucro no numerador ou implantando projetos que rendiam vitórias rápidas e reduziam o denominador.[14] Ao adotar esse sistema engenhoso (e totalmente legal), as empresas não precisavam mais aumentar os lucros no mundo real para satisfazer a sede de retorno dos acionistas. Bastava reduzir gastos e aumentar os índices.

Em seguida, a eficiência passou de uma prioridade a uma febre com o advento do Seis Sigma. Com raízes na matemática alemã[15] e em melhorias feitas durante a reconstrução do Japão depois da Segunda Guerra Mundial,[16] esse conjunto de ideais foi estruturado pela liderança da Motorola em 1986 e transformado em um método de gerenciamento de enorme popularidade. Os executivos que seguiam a metodologia do Seis Sigma eram exortados a priorizar a análise estatística e as melhorias mensuráveis de processos, em vez de impulsionar a inovação ou conquistar novos mercados. No fim da década de 1980 e no início da de 1990, um número cada vez maior de empresas começou a adotar essas táticas, gerando uma verdadeira epidemia de eficiência. As empresas se voltaram cada vez mais para dentro, decididas a reduzir custos e aumentar o valor para os acionistas, sem precisar criar nada de novo nem resolver quaisquer pontos de dor dos consumidores.

No início, os economistas acreditavam que essa nova era de lideranças obcecadas pela eficiência levaria a um fluxo ininterrupto de inovações. No entanto, diante da constante necessidade de aumentar os retornos trimestrais, todo o esforço de inovação foi direcionado para ajustar os sistemas existentes na tentativa de aumentar a eficiência e a lucratividade. O resultado foi que líderes, acionistas e administradores de fundos começaram a ver as empresas como meros pacotes de ativos financeiros, em vez de grupos de pessoas gerando ideias e satisfazendo as necessidades dos clientes. E, quando o valor de uma empresa se resume a seus ativos, não há razão para priorizar a satisfação dos clientes ou o gerenciamento de produtos. Tudo o que importa são os balanços patrimoniais.[17] Para que investir na descoberta de um novo mercado quando você pode se limitar a colher lucros de seu mercado existente?

Logo ficou claro que a pressão dos acionistas não só encorajava as empresas a obter resultados trimestrais cada vez melhores como *desencorajava* ativamente a P&D, as iniciativas de novo crescimento, a inovação e a exploração. Não só isso, como o foco em aumentar o preço das ações acabou não produzindo os resultados desejados para os acionistas. Os retornos das ações nesse período foram estatisticamente piores do que antes da priorização do "valor para o acionista".[18]

Empresas de todo tipo se viraram do avesso para aumentar o retorno para os acionistas, repensando processos e erradicando a criatividade pelo caminho, e *mesmo assim* não conseguiam entregar o valor que os acionistas esperavam. O que nos leva à era digital, quando a internet revolucionou a capacidade das pequenas empresas de alcançar clientes, e novos modelos de negócio acabariam invalidando velhas crenças sobre o sucesso, a lucratividade e o crescimento. Os ciclos de negócios atingiram uma velocidade vertiginosa, e as empresas começaram a perceber que seria muito arriscado ficar para trás.

Voltando a ser uma startup

Agora começamos a entrar em um território mais conhecido, incluindo eventos que muitos de nós testemunhamos com nossos próprios olhos. Vamos fazer uma rápida recapitulação.

A partir do fim dos anos 1990, as empresas de internet e tecnologia começaram a se multiplicar e prosperar. O comércio on-line passou a impulsionar um enorme crescimento, levando ao advento de varejistas que vendiam de tudo pela internet, incluindo livros, calçados, alimentos e serviços ao consumidor. Os investidores ficaram fascinados com esse mercado emergente e compraram freneticamente ações de IPOs (ofertas públicas iniciais de ações) frequentes e lucrativas. A Nasdaq decolou e muitas pessoas ficaram muito, mas muito ricas.[19] Só que, em março de 2000, a bolha estourou e dezenas de empresas que tinham sido as queridinhas de Wall Street viraram pó da noite para o dia. Foi uma conjunção de vários fatores, mas o principal foi que *muitas dessas empresas não tinham modelos de negócio robustos.*[20] Os investidores estavam apostando na capacidade das startups de mais cedo ou mais tarde sair do vermelho, mas o mercado atingiu a massa crítica e entrou em colapso antes de muitas delas terem a chance de começar a faturar.

Apesar de suas desastrosas repercussões, a bolha das pontocom também criou um importante precedente. Nos dez a quinze anos seguintes, os empreendedores aprenderam a construir e escalar rapidamente as empresas e a levar ideias do quadro-branco ao mercado com mais rapidez do que seus antecessores jamais sonhariam ser possível. Concentravam-se em identificar uma necessidade ou um ponto de atrito do cliente e em criar um serviço ou produto que resolvesse o problema de uma maneira radicalmente nova. E priorizavam a utilidade e a inovação mais do que o retorno aos acionistas. Eles mergulharam destemidos em novos mercados e causaram grandes revoluções com pouco capital. As startups on-line e de tecnologia mudaram o jogo. E, em grande parte, mudaram para melhor.

Como vimos no início deste capítulo, em 2001 as cinco maiores empresas em capitalização de mercado eram a GE, a Microsoft, a ExxonMobil, o Citigroup e o Walmart. Em meados de 2018, eram a Apple, a Amazon, a Alphabet, a Microsoft e o Facebook. A tendência que essas listas indicam é clara. As grandes corporações tradicionais foram derrubadas da lista, que passou a ser encabeçada por empresas de tecnologia obcecadas por resolver os problemas dos clientes em vez de entregar valor aos acionistas.

Você deve ter notado que a Microsoft entrou na Lista de Honra da Capitalização de Mercado tanto em 2001 quanto em 2018. Cabe observar que a empresa não foi incluída na lista no período entre esses anos, mas hoje vive um ressurgimento espetacular. E tudo se resume à liderança.

A Microsoft perdeu sua magia quando o cofundador Bill Gates deixou a empresa em 2000 e o sisudo executivo Steve Ballmer assumiu o cargo de CEO. Enquanto outras empresas de tecnologia avançavam rapidamente, a Microsoft se arrastava com uma série de lançamentos de produtos na tentativa de entrar na onda, adotando uma atitude protecionista em relação a suas vacas leiteiras, o Windows e o Microsoft Office.[21] Em 2014, contudo, foi nomeado um novo CEO, capaz de se comportar com a convicção e a paixão do fundador de uma startup, ao mesmo tempo que conduzia um gigante do setor. Em apenas alguns anos, Satya Nadella fez um progresso fenomenal, redirecionando o navio.[22] O que ele levou à empresa que seu antecessor não conseguiu levar? Uma mudança de mentalidade.

Em uma entrevista de 2015 ao *The Verge* sobre o futuro da Microsoft, Nadella disse: "Não falamos mais sobre os indicadores obsoletos de sucesso: a receita e os lucros. Para nós, o indicador de sucesso que mais importa é o amor do cliente".[23] Em seu livro *Aperte o F5: a transformação da Microsoft e a busca de um futuro melhor para todos*, ele descreve uma mentalidade que lembra muito a das startups: promover novas ideias empolgantes, criar um espaço seguro para os funcionários tentarem e fracassarem, e ficar de olho nos objetivos de longo prazo em vez de perder o sono com os retornos trimestrais. Nadella assumiu o comando de uma empresa que nasceu como uma startup, cresceu até se transformar em um gigante consolidado e está a caminho de se transformar em um ser híbrido, com uma estrutura corporativa estabelecida que aplica táticas de negócios empreendedoras. E, com um crescimento de dois dígitos nas margens de lucro em todos os trimestres desde 2017, fica claro que essas táticas estão funcionando.[24] Não seria um absurdo dizer que Nadella *refundou* a Microsoft.

Mais CEOs precisam seguir esse exemplo. Os líderes de crescimento devem parar de priorizar o crescimento incremental por meio de uma otimização incessante e, em vez disso, alavancar os ativos da empresa para criar novas ofertas, entrar em novos mercados e criar soluções inovadoras. Quando um CEO que apresenta essa mentalidade de crescimento assume o comando de uma empresa tradicional, de repente mudanças incríveis tornam-se possíveis.

A próxima fase

Todos os anos, Larry Fink, fundador da gestora de investimentos BlackRock, envia uma carta a todos os CEOs das empresas nas quais seus clientes investiram. Em 2016, ele usou essa carta para informar todos os 500 CEOs que não tinha mais interesse em investir em empresas que gamificavam os preços de suas ações por meio da recompra de ações (ilegais até o início dos anos 1980) e outras gambiarras de curto prazo. Também disse que optaria por usar os então 5,1 trilhões de dólares em ativos administrados por sua organização para investir em empresas realmente obcecadas por entregar valor ao cliente.[25]

E Fink foi ainda mais longe: sua carta anual aos acionistas de 2018 insistia que o desempenho financeiro, por mais excepcional que fosse, não bastaria mais para garantir seu capital. Ele queria investir em empresas que tivessem um propósito social. No entanto, insistiu que não estava abandonando o capitalismo. Só que, considerando as mudanças no estado de espírito dos Estados Unidos e forças externas, como mudanças nas políticas de tributação, a imigração e os direitos LGBTQ, as empresas que não tiverem um senso de propósito "acabarão perdendo a licença para operar dos principais stakeholders". (Uma pesquisa conduzida por Julie Battilana, fundadora e diretora da Iniciativa de Inovação e Mudanças Sociais da Harvard Kennedy School, revelou que, quando as empresas se preocupam em resolver questões sociais, elas apresentam um desempenho superior em comparação com as empresas focadas unicamente em aumentar o valor das ações.[26])

Agora, as empresas precisam se concentrar não só no valor do cliente, mas também em mostrar como elas contribuem para a sociedade, tudo isso enquanto são pressionadas pelo mercado financeiro a apresentar um bom desempenho trimestral. Não é à toa que estão desesperadas para achar uma nova maneira de trabalhar.

Essas novas exigências levantam novas perguntas: como planejar pensando em dez a quinze anos no futuro? Como descobrir novos problemas e necessidades que sua empresa está especialmente posicionada para resolver ou satisfazer? Como romper o ciclo de crescimento incremental e reativar a inovação? Nossa resposta é: implantando uma nova forma de gestão concebida especificamente para lidar com o "desconhecível" e construída com base nas necessidades do cliente.

Em seu livro *O estilo startup*, Eric Ries, o grande defensor da Startup Enxuta, caracterizou a startup como uma "unidade atômica de trabalho para territórios de alto grau de incerteza".[27] Em sua essência, as startups são uma maneira de trabalhar que descobre e valida soluções para os problemas dos clientes. Essa é a primeira peça importantíssima do quebra-cabeça, mas as startups não têm como existir no vácuo. Elas precisam de um mecanismo de financiamento, e é aí que entra o venture capital. Percebemos que, juntos, esses dois fatores constituem um importante ecossistema para descobrir novas soluções e promovê-las em grandes empresas.

Na Bionic, acreditamos que as empresas podem aplicar o empreendedorismo e o venture capital como forma de gestão do crescimento.

Entendemos por que alguns líderes corporativos hesitam em adotar essa metodologia. Eles costumam argumentar que as startups correm muito pouco risco por serem tão pequenas e tão novas. As grandes empresas têm processos que passaram décadas sendo refinados por milhares de funcionários e em nome de milhões de clientes. A mudança radical de fazer pequenos ajustes nos produtos existentes e otimizar processos comprovados para explorar novos mercados é mais do que desconfortável: é aterrorizante. No entanto, a mentalidade das startups não se propõe a substituir as funções existentes nas empresas, mas a complementá-las.

Na Bionic, criamos o Sistema Operacional de Crescimento para atuar como uma máquina menor, uma máquina do Novo ao Grande, que funciona em conjunto com a colossal máquina do Grande ao Maior. É importante ressaltar que o Sistema Operacional de Crescimento alimenta o empreendimento principal, mas não o substitui. Em vez disso, esse sistema operacional (metafórico) alavanca as mentalidades, os mecanismos e as ferramentas do ecossistema empreendedor para desencadear uma revolução de crescimento dentro das empresas.

As vantagens competitivas que as grandes empresas têm sobre as startups são a experiência e a escala. Quando os executivos da alta administração de uma empresa da Fortune 500 identificam uma tendência ou descobrem uma nova e madura necessidade dos clientes, eles já têm os recursos necessários para seguir rapidamente por esse caminho. Já contam com clientes, distribuição, cadeia de suprimentos e uma marca confiável. Por isso, essas empresas têm um grande poder de alavancar ou destruir ideias inovadoras e produtos experimentais.

Se a J. P. Morgan decidir usar o Bitcoin, a nova moeda ganhará uma legitimidade instantânea, já que tem a escala e os relacionamentos necessários para tanto. E a respeitabilidade necessária.

As vantagens competitivas das startups sobre as grandes empresas são a velocidade e um custo mais baixo de aprendizado. Uma decisão que a Unilever leva seis meses para tomar, passando por inúmeras discussões em comitês e pela aprovação de executivos, pode levar seis dias em uma startup.

O Sistema Operacional de Crescimento combina o melhor dos dois mundos. Ele pega a agilidade e a criatividade das startups e as incorpora à expertise e ao poder das empresas estabelecidas. Aplicando nosso modelo, as empresas estabelecidas podem recuperar sua capacidade de crescimento. Eles já sabem como crescer do Grande ao Maior. O que ensinamos é um conjunto de novas e necessárias habilidades para promover o crescimento do Novo ao Grande.

Agora que sabemos como chegamos até aqui, vamos seguir em frente.

DO MERCADO TOTAL DISPONÍVEL (TAM) AO PROBLEMA TOTAL DISPONÍVEL (TAP)

Imagine que seu trabalho seja encontrar, treinar e gerenciar atletas olímpicos. Você tem uma capacidade especial de identificar o potencial e o talento dos atletas e, vendo o desempenho de um corredor universitário, você sabe se ele poderia ganhar dezenas de medalhas de ouro. Você entra em cena quando o atleta já trabalhou no próprio crescimento e já fez grande parte do treinamento e, então, o transforma em um competidor imbatível. Você sabe como prever os resultados que obterá com base no esforço que investirá no atleta e sabe como medir seu sucesso. Você pega algo grande e o transforma em algo maior.

Agora, digamos que um colega lhe mostre um talentoso menino de cinco anos e diga: "Quero que você transforme este garoto num atleta olímpico". Você está em maus lençóis e sabe disso. Você não faz ideia de como motivar um menino tão novo, nem se ele é tão talentoso assim. E, mesmo que você pudesse medir a velocidade na qual ele é capaz de correr ou a altura que ele é capaz de saltar *agora*, essas métricas deixariam de fazer sentido em apenas alguns meses. Mas seu colega confiou em você para a tarefa, e você quer ajudar. Então, o que você faz?

Você procura especialistas em educação infantil, professores e pais de atletas olímpicos e diz: "Quero que vocês o ensinem e cuidem dele e me chamem quando ele se formar na faculdade e estiver pronto para treinar para as Olimpíadas". Você admite que não sabe como conduzir um atleta do Novo ao Grande. Você pode ser o melhor técnico para levar um atleta do Grande ao Maior, mas o Novo ao Grande definitivamente não é sua especialidade.

É claro que, se você pedisse a especialistas em educação infantil, professores e pais de corredores olímpicos para orientar um atleta a vencer as competições regionais, nacionais e, depois, as internacionais, eles também não conseguiriam dar conta do recado. Eles podem se destacar no âmbito do Novo ao Grande, mas seriam um fracasso deplorável no do Grande ao Maior.

Usando as táticas das startups para gerenciar o novo

As startups sabem como identificar, abordar e satisfazer as necessidades do cliente. Quase todas as histórias sobre a origem de startups envolvem empreendedores identificando um ponto de atrito e pensando: "Não é possível que não exista um jeito melhor!". Essa obsessão pela resolução de problemas é fundamental para o empreendedorismo inovador. Ao começar pelo ponto de dor do cliente, os empreendedores se dão toda a permissão e a flexibilidade para criar e testar soluções. A melhor opção pode ser um produto, um serviço ou um modo de combinar produtos ou serviços existentes para criar uma solução integrada. Seja qual for a diversidade das soluções possíveis, as startups mantêm as opções abertas, experimentando e fazendo ajustes até chegar a uma solução que atenda às necessidades do cliente de uma maneira radicalmente nova. Em vez de se digladiar com os concorrentes por participação de mercado, elas simplesmente criam novos mercados. (Há um ditado no Vale do Silício que diz que "concorrer é para os perdedores".) E, por serem pequenas e ágeis, as startups podem experimentar e mudar de direção com rapidez e a baixo custo, aprendendo em uma velocidade alucinante.

As empresas estabelecidas, por outro lado, sabem como conquistar participação de mercado, aumentar os lucros e melhorar aos poucos os processos e os sistemas existentes. Elas normalmente já têm a base de clientes, a distribuição e a cadeia de suprimentos necessárias para garantir que seus produtos e serviços cheguem aos clientes de maneira confiável e com excelente controle de qualidade. Elas podem ser conservadoras, mas são absolutamente *excelentes* no que fazem. O que acaba acontecendo é que elas acham desnecessário perder tempo com ideias que estão fora de sua zona de conforto. Veem o mundo através de uma lente que elas mesmas produziram, uma lente que tende a ser voltada para dentro. Ao fazer o brainstorming de novos produtos, elas geralmente começam com seus próprios pontos de dor, como: "Estamos perdendo participação de mercado; nossas margens estão encolhendo. Temos a tecnologia, agora vamos encontrar um cliente para ela". E, quando isso acontece, o "tradicional" e o "conservador" descambam para o obsoleto.

O problema é que essa forma de pensar não existe no vácuo. As empresas tradicionais operam dessa maneira porque foram criadas para isso: elas estão no negócio do "conhecível" e ficam perdidas quando se veem perante o "desconhecível". Diante da pressão de Wall Street para aumentar os preços das ações e melhorar as métricas financeiras, a mera *ideia* de investir nos problemas dos clientes, com resultados imprevisíveis, deixa os executivos dessas empresas em uma posição incrivelmente desconfortável. Afinal, eles operam uma máquina incremental de baixa variação e baixo risco, e são informados pela liderança e pelos acionistas de que só têm duas opções: manter a máquina funcionando ou ir para o olho da rua.

Esse pensamento de dentro para fora precisa mudar. Todas as histórias de sucesso mais interessantes de empresas do século 21 resultam de uma mentalidade de fora para dentro, ou seja, identificar enormes problemas ou necessidades do mundo que só os talentos únicos da empresa têm como resolver. Chegou a hora de todos nós adotarmos essa mentalidade de resolução de problemas. Se quisermos catalisar o crescimento exponencial, precisamos parar de tentar descobrir quantas pessoas comprariam nosso widget 10% melhor e começar a identificar os grandes problemas do mundo que estamos posicionados para resolver.

Precisamos nos permitir ver além do que já fizemos e sonhar com o que *podemos* fazer. A maneira como fazemos isso é passando do modelo do Mercado Total Disponível (*Total Addressable Market*, ou TAM), baseado no planejamento em um mundo conhecido e voltado a conquistar mais participação de mercado, para o modelo do Problema Total Disponível (*Total Addressable Problem*, ou TAP), baseado na descoberta de um novo problema ou necessidade do cliente.

O modelo do Mercado Total Disponível existe há décadas, e incontáveis empresas o usam para orientar seu processo decisório. O modelo se baseia no tamanho do mercado e no tamanho da participação de mercado que a empresa teria como conquistar (ou, em outras palavras, que estaria "disponível" a ela). Essa visão funciona bem para mercados conhecíveis e já existentes, mas é inútil para mercados que ainda não foram descobertos nem criados. E é a esses mercados conhecíveis e existentes que o modelo TAP se volta.

O modelo do Problema Total Disponível, por outro lado, usa uma abordagem bastante diferente: identifica um problema significativo do cliente e trabalha de trás para a frente ou, em outras palavras, de fora para dentro, para definir uma solução e criar um modelo de negócio para essa solução. A transição do Mercado Total Disponível ao Problema Total Disponível nos ajuda a identificar os grandes problemas que podemos resolver e a descobrir os novos mercados que podemos criar.

Vamos dar uma olhada em um exemplo: os telefones celulares.

Quando foram lançados no mercado de consumo, parecia que as únicas pessoas que queriam telefones celulares eram os advogados e os executivos de alto escalão. O Mercado Total Disponível percebido era relativamente pequeno: "Profissionais que viviam sob pressão no trabalho, que precisavam falar com urgência com as pessoas e que tinham condições de pagar para ter um escritório móvel". No entanto, à medida que a tecnologia foi ficando mais leve, mais rápida, menor e mais acessível, a demanda cresceu exponencialmente. Os fabricantes de produtos eletrônicos perceberam que os celulares estavam atendendo a uma necessidade muito maior do cliente (possibilitando que *todas* as pessoas se comunicassem em movimento) e se adaptaram para acomodar esse novo mercado. Pouquíssimas pessoas imaginaram que as gerações futuras desses dispositivos substituiriam os pagers e em seguida os telefones fixos e se tornariam os principais meios de conectividade de populações inteiras. Constatou-se que o Problema Total Disponível era literalmente o potencial do tamanho do mercado da "comunicação móvel" como um todo.

Vejamos um exemplo mais recente: se você fosse um venture capitalist e tivesse a oportunidade de investir no Facebook em 2003 e estivesse convencido de que o Mercado Total Disponível era composto dos "estudantes universitários das melhores faculdades dos Estados Unidos que querem se manter conectados", sem dúvida teria deixado passar a chance. Aquele mercado simplesmente não era grande o suficiente para o tipo de retorno que você queria. Só que, é claro, se arrependimento matasse, você estaria morto e enterrado. Como os fundadores do site perceberam que a plataforma que tinham criado poderia fazer muito mais e ser muito mais para uma população muito mais ampla, o crescimento do site foi absolutamente fenomenal. Também perceberam que todas as pessoas, não só os estudantes universitários, queriam saber o que amigos, colegas e parentes estavam aprontando; que telefonemas e e-mails não bastavam para manter as pessoas conectadas; e que a curiosidade humana era um enorme motivador do comportamento das pessoas na internet. Eles enxergaram uma necessidade até então não satisfeita e construíram um mercado em torno dela. O que começou como um "Orkut para estudantes universitários" cresceu e se transformou em um colosso das mídias sociais. Acontece que o Problema Total Disponível era "permanecer conectado com sua rede pessoal estendida sem precisar ser em tempo real".

Nenhuma dessas ideias foi criada para roubar participação de mercado de um concorrente. As duas ideias começaram focadas em um público pequeno e especializado, mas cresceram para atender a um público muito maior. A ideia não foi "Nós criamos esta coisa. E agora, quem precisa dela?", mas sim "Como podemos atender às necessidades de um grupo maior de clientes potenciais?". E é assim que todos nós precisamos começar a pensar.

Invista em problemas, não em projetos

Agora que já esculhambamos com o modelo do Mercado Total Disponível, vamos fazer uma pausa para discutir como esse modelo continua sendo útil para qualquer pessoa empenhada em promover o crescimento de nossas empresas. Não tem nada de inerentemente errado na ideia do Mercado Total Disponível. Na verdade, esse modelo faz muito sentido para mercados existentes, clientes existentes e comportamentos existentes. Ele funciona muito bem dentro do território do conhecível: quanto os clientes gastam atualmente em soluções nesse mercado? Por exemplo, se estivéssemos no negócio de camisetas e quiséssemos entrar no mercado de camisas, poderíamos usar o Mercado Total Disponível para estimar o tamanho do mercado e o tamanho da fatia desse mercado que estaria disponível para nossa empresa.

O problema é que, quando entramos em território desconhecido, o Mercado Total Disponível perde a relevância. Como estamos em um território totalmente novo, as perguntas que faríamos para determinar o Mercado Total Disponível são impossíveis de responder e somos forçados a considerar novas perguntas: este é um novo comportamento do cliente ou um novo ponto de atrito? Os clientes já estão resolvendo o problema ou só agora estão começando a se dar conta do ponto de dor? Quantos clientes podem precisar resolver esse problema no futuro? Se uma solução melhor, mais rápida ou mais barata fosse disponibilizada, como isso mudaria quem pode e vai resolver esse problema? Analisando a situação desse ponto de vista, podemos ver o tamanho da oportunidade (o Problema Total Disponível) em vez do tamanho do mercado para as soluções existentes (o Mercado Total Disponível). E, ao começar com os problemas, não nos limitamos aos produtos e nos abrimos a todo um universo de soluções possíveis.

Um olhar estratégico para o ano de 2030 e mais além nos obriga a reconhecer que os mercados, os modelos de negócio e as tecnologias do futuro são, em grande parte, desconhecíveis. A implicação disso é que qualquer tentativa de criar uma estratégia de *planejamento* levará ao fracasso porque a meta é indefinida. Faz muito mais sentido usar uma estratégia de *descoberta* para identificar novos comportamentos dos clientes, novas necessidades e mercados emergentes ou ainda inexistentes: novas Áreas de Oportunidade, como as chamamos.

Quando optamos por redirecionar o foco dos produtos para os problemas, o céu é o limite para a magnitude e a variedade das soluções possíveis. E, quando pensamos nos novos facilitadores de negócios que podem ser utilizados para resolver esses problemas e nos pontos de intersecção entre os problemas e esses facilitadores, podemos encontrar as Áreas de Oportunidade. (Veja mais detalhes sobre esse processo no Capítulo 5.)

Para que uma Área de Oportunidade seja viável, ela deve incluir tanto uma necessidade de muitas pessoas quanto uma tecnologia ou solução que atenda a essa necessidade de maneira radicalmente diferente e consideravelmente melhor. A necessidade deve ser algo que não varia nunca, mas os produtos, serviços ou soluções que atendem a essa necessidade vão mudar com o tempo. E, quando posicionamos nossa empresa nas intersecções entre essas necessidades e as novas soluções facilitadoras, nos posicionamos para a inovação. Nesse cruzamento, podemos escolher direcionar nossa empresa para novas direções, criar e conquistar novos mercados e ser pioneiros em termos de soluções revolucionárias para problemas persistentes que afetam a vida de muitas pessoas.

No entanto, para chegar a essa intersecção, não podemos começar com um mercado existente. Precisamos aprender a não nos deixar intimidar pelo desconhecível, com mercados que ainda não existem. Precisamos começar com uma necessidade, avaliar o número de pessoas que estão usando soluções indiretas, pensar em facilitadores viáveis e desencadear toda uma série de possíveis soluções.

Para ver esse processo na prática, vamos analisar um estudo de caso.

As áreas de oportunidade na prática: a TD Ameritrade

A TD Ameritrade é uma corretora com 40 anos de experiência prestando serviços de investimento e educação financeira para pessoas físicas e serviços de custódia a consultores de investimentos. Em 2017, os líderes da empresa decidiram melhorar sua capacidade de inovação e promoveram uma série de sprints de inovação nos quais os participantes recebiam carta branca para explorar maneiras de a empresa concretizar sua visão de "transformar vidas e investir para melhorar".

Uma ideia sugerida na primeira sprint de inovação passou por sucessivos processos de avaliação, e todos concordaram que tinha potencial para mudar o jogo. A equipe que teve a ideia explorou possíveis soluções e criou uma ferramenta digital baseada em dados que, quando apresentada aos líderes seniores, recebeu o apoio unânime da equipe executiva. A certa altura da apresentação, o CEO, Tim Hockey, perguntou a todos os presentes: "Quem aqui gostaria de usar essa ferramenta?". Praticamente todo mundo levantou a mão. Pesquisas de mercado confirmavam a viabilidade do projeto. Quando os pesquisadores perguntaram aos clientes potenciais se gostariam de ter a ferramenta (e pagar por ela), a resposta foi um retumbante *sim*!

Concluída a sprint, a liderança da TD Ameritrade decidiu usar a ferramenta potencialmente revolucionária como teste para uma Área de Oportunidade. Uma equipe de três pessoas foi criada para trabalhar exclusivamente com ela, mantendo um dos participantes da sprint e adicionando dois novos cofundadores para contribuir com pontos de vista diferentes.

Com diferentes perspectivas e a permissão para colocar a ideia em prática "de verdade", os cofundadores decidiram tirar um pouco o foco da solução para ponderar sobre as premissas básicas: quem eram os clientes? Qual problema eles precisavam resolver? Qual era o tamanho do problema e que outras soluções esses clientes estavam usando? O problema estava aumentando ou diminuindo? E quais eram os novos facilitadores (tecnologias, tendências etc.) que poderiam ser aplicados para resolver o problema?

Eles começaram com a maior e mais clara persona de clientes e fizeram várias rodadas de experimentos para entender melhor a necessidade que precisavam atender. Só que a conta não estava fechando. Os clientes do perfil inicial estavam satisfeitos com as ferramentas que usavam. Em vista disso, a equipe se voltou a personas adjacentes. Afinal, os clientes dos experimentos iniciais insistiam: "Eu mesmo não preciso disso, mas conheço alguém que precisa", geralmente um amigo ou alguém da família.

Só que esses clientes adjacentes não achavam que tinham um problema nem estavam em busca de uma solução. Eles até podiam achar interessante ter a ferramenta, mas, quando os pesquisadores lhes pediram para demonstrar como a usariam, os clientes potenciais achavam que daria trabalho demais. No decorrer de cinco ou seis rodadas de experimentos que atingiram mais de 50 clientes potenciais, os três cofundadores perceberam que a ferramenta não daria em nada.

Um dos cofundadores, Matt, vinha da área de análise de dados e não gostou da ideia de invalidar toda uma Área de Oportunidade com base em apenas algumas dezenas de pontos de dados: "Na minha área, normalmente coletamos milhares de pontos de dados para ter certeza de alguma coisa. Mas aprendi que dá para conversar com dez pessoas e invalidar uma ideia. Conversando diretamente com os clientes, percebi que era possível descobrir a resposta rapidamente, invalidar a ideia e seguir em frente".

A equipe levou menos de duas semanas desde o início do projeto até a invalidação da Área de Oportunidade. Só que eles também sabiam que o CEO e toda a equipe de liderança sênior tinham se empolgado com o projeto na sprint de inovação. Então continuaram procurando. E se tivessem deixado passar alguma coisa? Eles não poderiam apresentar suas constatações se não tivessem 100% de certeza.

Para ter certeza de que incluiriam todas as potenciais personas de clientes que poderiam ser atraídas pela ferramenta, criaram uma pesquisa quantitativa. Talvez o problema dos clientes fosse diferente do identificado pela equipe ou a ferramenta pudesse satisfazer uma necessidade mais específica. Pivotaram várias vezes, eliminando algumas necessidades pequenas demais para ser viáveis e outras que já estavam sendo bem atendidas por um mercado saturado de soluções. Cinco semanas depois, os cofundadores tiveram certeza: a Área de Oportunidade fora invalidada. Agora só faltava contar ao CEO. A cofundadora Sarah comentou: "Tínhamos certeza dos nossos resultados, mas estávamos bem nervosos com a apresentação".

A equipe reuniu as evidências e os aprendizados acumulados ao longo do caminho. Eles tinham invalidado a ferramenta e o problema mais amplo do cliente que ela se propunha resolver, mas, no processo, a equipe descobriu um punhado de novos problemas do cliente que pareciam promissores. A cofundadora Susan disse: "Uma das coisas que fizemos muito bem nessa narrativa foi falar sobre as necessidades inesperadas que encontramos. Descobrimos necessidades muito interessantes que poderíamos atender".

Tim Hockey e toda a equipe executiva aceitaram as evidências da equipe, apesar de contradizerem diretamente a reação instintiva da equipe na apresentação inicial, e celebraram a rapidez e o baixo custo com os quais a equipe tinha conseguido invalidar a Área de Oportunidade. Se a equipe tivesse explorado a viabilidade da ferramenta usando uma análise de mercado para calcular o Mercado Total Disponível, a equipe executiva poderia facilmente ter decidido fazer um grande investimento e criar um produto que ninguém de fato compraria, nem usaria. Ao optar por se concentrar no problema, eles evitaram esse gasto a favor de algo mais viável.

Em uma apresentação à empresa apenas algumas semanas depois, Hockey demonstrou a invalidação da ideia original pela equipe como uma vitória: "As pessoas vieram falar com a gente depois de ouvir a história dizendo 'Uau, não acredito que vocês tiveram a coragem de dizer ao CEO que era uma má ideia!'. Parece que estamos mudando o que as pessoas pensam de compartilhar descobertas como essa", comentou o cofundador Matt.

John Hart, patrocinador executivo da equipe da Área de Oportunidade, explicou por que isso foi tão importante para o crescimento da empresa: "Para nós, esse tipo de coisa é indispensável para criar um ambiente propício a gerar importantes inovações".

A cofundadora Sarah concordou: "Sabemos que temos uma cultura disposta a correr riscos. Mas foi bem legal sentir isso nessa escala".

Pesquisa com os clientes: perguntar ou observar

A mudança do Mercado Total Disponível ao Problema Total Disponível é transformadora por três razões:

1. Desvia nosso foco dos nossos próprios problemas ("Queremos conquistar mais participação de mercado!") e nos direciona

para os problemas do cliente ("Eles querem ir do ponto A ao ponto B com mais segurança, rapidez e tranquilidade").

2. Transfere a nossa atenção do que existe hoje (ativos de propriedade da empresa, como hotéis e carros para locação) para o que poderia existir no futuro (a economia de compartilhamento possibilitada pelo Airbnb e pela Lyft).

3. Não se baseia no que os clientes dizem que querem (acesso a produtos orgânicos), mas no que eles realmente fazem (compram produtos mais baratos e muitas vezes não orgânicos). Em outras palavras, revela as verdades do mercado.

O clássico princípio do marketing segundo o qual devemos dar aos clientes "o que eles querem, quando querem, na forma que querem" é exasperante quando a empresa está focada em novos problemas ou necessidades. Afinal, os clientes podem ainda nem saber o que querem, quando querem, nem tampouco de que forma querem.

Ferramentas tradicionais, como a metodologia de pesquisa da Voz do Cliente, encorajam os clientes a dizer o que pensam sobre uma solução com base no que já sabem. Ou seja, quando questionados sobre um problema ou necessidade, eles geralmente fazem a engenharia reversa das ideias com base nas soluções existentes. E, quando lhes perguntamos diretamente sobre suas preferências e comportamentos, foram condicionados a projetar quem querem ser e nos dizer o que *nós* queremos ouvir.

Portanto, em vez de nos basearmos em pesquisas da Voz do Cliente e em outras ferramentas semelhantes nascidas da mentalidade do Mercado Total Disponível, precisamos aprender a observar o que os clientes fazem e extrapolar a maneira como seus comportamentos revelam novas oportunidades. E ninguém precisa ter uma bola de cristal para fazer isso. Basta pensar como empreendedores e fazer nós mesmos o que precisa ser feito: sair da empresa e ir conversar com os clientes, observá-los em seu dia a dia e tirar nossas próprias conclusões.

A ideia é observar o comportamento. Novos problemas e necessidades são descobertos observando as escolhas ativas, ainda não expressas e autênticas dos clientes.

Fazemos essas observações enviando equipes para entrevistar duas populações:

- **Pessoas que já estão usando determinado tipo de produto ou serviço para tentar resolver um problema:** conversamos com esses clientes potenciais para saber onde, quando, por que e com que frequência usam a solução. Perguntamos por que escolheram essa solução e não outras. Fazemos todas as perguntas típicas das pesquisas do consumidor, mas não nos restringimos a elas e as complementamos com informações contextuais. Perguntamos como eles se sentem com a solução, se ela lhes traz alguma lembrança e quais associações positivas e negativas ela evoca.
- **Pessoas que têm o mesmo problema, mas que definitivamente *não* estão usando um produto ou serviço:** esses possíveis clientes funcionam como um contraponto importantíssimo à base de usuários existente. Queremos saber o que eles estão evitando ao optar por não usar essa solução. Perguntamos o que lhes desagrada na solução, como ela os faz sentir e o que estão fazendo ou usando para resolver o problema.

Vejamos um exemplo: você tem uma fábrica de doces e percebe que as pessoas estão começando a considerar o açúcar processado como o Inimigo Público Número Um. Você quer explorar alternativas para sua empresa e dá início a um processo de pesquisa para encontrar um novo Problema Total Disponível. Você conversa com fanáticos por doces, donos de lojas de doces, fabricantes de outros tipos de doce, mas também conversa com pessoas que passaram dez anos sem consumir açúcar e tenta entender suas necessidades, problemas e comportamentos.

Ao conversar com mais pessoas, sua Área de Oportunidade começa a ficar mais clara. Você descobre que tanto os fanáticos por doces quanto os consumidores ocasionais associam comer doces com "dar-se um agrado". Com base nisso, você pode focar em um novo subconjunto de perguntas: o que o leva a querer se dar um agrado? É para comemorar uma vitória ou superar uma dificuldade? Quando as pessoas se dão um agrado? Com que frequência? Como elas se sentem ao fazer isso? E você também volta a conversar com quem evita o açúcar a qualquer custo: o que uma pessoa que segue uma dieta sem açúcar faz quando não está com fome mas quer se dar um agrado?

Agora você não está mais no ramo da venda de açúcar, e sim no negócio do "dê-se um agrado". Essa nova forma de pensar expande os limites da fábrica de doces e o leva a um novo mundo de maneiras de "dar um agrado" a seus clientes potenciais. Dependendo de seu nível de ousadia, você poderia lançar uma nova unidade de negócios dedicada a fabricar lanches deliciosos porém saudáveis, à base de alfarroba; poderia comprar uma pequena empresa de cosméticos que está conquistando uma base de fãs com seus batons de baixo custo, porém exuberantes; ou poderia abrir uma rede de lojas de varejo para vender plantas suculentas acessíveis, perfeitas para aquela compra por impulso e que ainda entregam ar limpo e deixam qualquer ambiente mais agradável.

Esse processo de estudo e observação o levará a descobrir Áreas de Oportunidade até então inexploradas, novos mundos que ainda podem ser investigados e conquistados. No entanto, antes de adentrar a selva com uma tocha na mão, você deve avaliar se vale mesmo a pena investir tempo, energia e recursos nessas Áreas de Oportunidade.

Calculando e dimensionando as Áreas de Oportunidade

Calcular quanto dinheiro a empresa pode ganhar com um mercado que ainda não existe é no mínimo complicado. Sem variáveis mensuráveis ou estatísticas existentes, vincular uma estimativa de lucros a uma inovação de ponta pode parecer um exercício de adivinhação. E, sinceramente, em parte é mesmo. No entanto, podemos garantir que é uma adivinhação calculada. (Lembre-se de que é assim que os venture capitalists trabalham dia após dia. Eles calculam o tamanho das oportunidades de ponta como parte da análise de riscos de um investimento, e nós incorporamos as melhores ferramentas deles em nosso Sistema Operacional de Crescimento.)

> Para que calcular o Problema Total Disponível? Para ter um conhecimento plausível do *possível* tamanho de uma oportunidade. Não para ter um conhecimento preciso do tamanho *atual* de uma oportunidade.

Quando começamos, a Bionic costumava dizer aos nossos parceiros: "Esqueçam o Mercado Total Disponível! A partir de agora, só existe o Problema Total Disponível". Só que, com essa postura, acabamos enfrentando muita resistência, especialmente no que dizia respeito ao dimensionamento. Seria irresponsável sair investindo tempo, dinheiro, pessoal, pesquisa e desenvolvimento em um mercado que pode vir a ser minúsculo. Você precisa de algum tipo de métrica para saber até que ponto o mercado *pode* ser grande e lucrativo, pelo menos em tese. Em vista disso, tiramos o nosso velho amigo Mercado Total Disponível da gaveta. Não é sensato usar o Mercado Total Disponível como plataforma de lançamento de novas ideias de negócio, mas podemos usá-lo como um valioso ponto de referência para dimensionar as Áreas de Oportunidade e o Problema Total Disponível.

Você pode fazer três cálculos rápidos para dimensionar uma Área de Oportunidade:

1. Calcule o tamanho do mercado existente no qual as pessoas estão usando soluções indiretas para resolver o problema;

2. Estime o número de pessoas que *precisariam* resolver o problema se estivesse disponível uma solução radicalmente melhor (e mais ou menos quanto se disporiam a pagar por essa solução);

3. Estime o número de pessoas que *gostariam* de resolver o problema se estivesse disponível uma solução radicalmente melhor (e mais ou menos quanto se disporiam a pagar por essa solução).

O primeiro cálculo é o Mercado Total Disponível. O segundo é o segmento inferior, ou o tamanho conservador do Problema Total Disponível, enquanto o terceiro é o segmento superior, ou o tamanho otimista do Problema Total Disponível.

No caso dos celulares, o Mercado Total Disponível era o valor que advogados e médicos gastavam em serviços de mensagens eletrônicas e pagers para se manter acessíveis quando em trânsito. O Problema Total Disponível conservador incluiria todos os profissionais que gostariam de poder se comunicar quando estivessem fora do trabalho (multiplicado pela quantia que estariam dispostos a gastar pelo acesso móvel). O Problema Total Disponível otimista cresce para incluir literalmente qualquer pessoa que fala, antes mesmo de poder digitar.

Pergunte-se: "O que eu sei sobre o mercado de hoje?". Em seguida: "Qual é o tamanho do problema que quero resolver?". Analise suas respostas em conjunto e pense em termos de *ordem de magnitude*. É de 10 vezes, 100 vezes, 1.000 vezes ou maior?

O conhecimento do mercado atual pode ajudar, mas não isoladamente. Aswath Damodaran, professor de finanças da Universidade de Nova York, sabe muito bem disso. Em uma conversa que acabou ficando famosa, ele escreveu um post de blog em 2014 dizendo que, com base no mercado global de táxis e limusines de cerca de 100 bilhões de dólares, a empresa de compartilhamento de viagens Uber estava se supervalorizando em um fator de 25.[1] (Sua análise presumia que a Uber tinha como dominar 10% do mercado global fragmentado para um

50   Do Novo ao Grande

Mercado Total Disponível de 10 bilhões de dólares.) Bill Gurley, um investidor e membro do conselho da Uber, respondeu: "Ao optar por usar o tamanho histórico do mercado de táxis e limusines, Damodaran parte da premissa de que o futuro será parecido com o passado. Em outras palavras, o advento de um produto ou serviço como o Uber não terá impacto algum no tamanho do mercado de transporte privado de passageiros".[2] Apenas três anos depois, a Uber reportou *gross bookings* [o total de pagamentos dos clientes] no valor de 37 bilhões de dólares, em 2017. A Uber e a Lyft tiveram um enorme sucesso ao perceber que as soluções para resolver o problema eram inadequadas e ao criar uma solução que resolvia diretamente a diferença (o Problema Total Disponível era maior do que o Mercado Total Disponível).

Pode ser intimidador calcular o Problema Total Disponível com base na premissa de que sua solução criará um novo mercado ou implodirá o atual, mas não podemos nos esquivar dessa tarefa. Precisamos nos permitir contemplar ao mesmo tempo o provável, o possível e o extraordinário, se quisermos viabilizar a criação de soluções revolucionárias.

O ecossistema empreendedor não se limita aos empreendedores

Neste capítulo, analisamos a abordagem usada por empreendedores e investidores para avaliar oportunidades. O que chamamos de "ecossistema empreendedor" não se restringe aos empreendedores e inclui investidores-anjos e venture capitalists, que têm uma mentalidade parecida.

Quem tiver interesse em usar a abordagem do Sistema Operacional de Crescimento precisará necessariamente passar da mentalidade do Mercado Total Disponível à mentalidade do Problema Total Disponível. No entanto, a maneira como essa abordagem é aplicada deve variar. Na empreitada do Novo ao Grande, o papel do empreendedor será desempenhado pelos funcionários, enquanto o papel do investidor será desempenhado pela liderança executiva. E este último grupo não pode se limitar a distribuir dinheiro. Os dois grupos devem estar preparados para pensar e trabalhar de novas maneiras, adotando novas mentalidades e se empenhando para tornar-se *líderes ambidestros*, ou seja, operadores dos negócios essenciais e ao mesmo tempo criadores do novo crescimento.

O primeiro passo para se tornar um líder ambidestro é definir as permissões e os limites para que suas equipes empreendedoras possam trabalhar de novas maneiras. Dar-lhes permissão para errar, para questionar as crenças estabelecidas, para desestabilizar os negócios essenciais, para fazer experimentos, invalidar hipóteses e avançar rapidamente. Permissão para se comportar como uma startup, mesmo dentro de uma corporação gigantesca e centenária.

Pode parecer loucura, mas é possível.

O DESAFIO DO LÍDER DE CRESCIMENTO

Não é fácil mudar. E é ainda mais difícil se o que você está acostumado a fazer já resultou em algum tipo de recompensa e sucesso, mesmo que mínimo. É por isso que muitos líderes corporativos não gostam quando insistimos que eles comecem a pensar como venture capitalists. Afinal, a empresa está ganhando dinheiro, os acionistas estão em grande parte satisfeitos e tudo vai indo muito bem. Será que é *mesmo* necessário fazer mudanças radicais? Sim. Sem dúvida alguma. Para capitalizar o ecossistema empreendedor, você precisa adotar todos os aspectos, não só os que lhe parecem fáceis ou não o incomodam. (Não que *algum* aspecto vá ser uma moleza.) E isso inclui treinar gestores e líderes para dar suporte às ações do Novo ao Grande, focando nos problemas dos clientes, celebrando os fracassos produtivos e buscando incansavelmente as verdades do mercado.

Vejamos um bom exemplo da mudança que propomos.

Em setembro de 2017, George R. Oliver foi nomeado presidente do conselho e CEO do conglomerado multinacional Johnson Controls. Antes da fusão, em 2016, da Johnson Controls com a Tyco International, uma empresa de proteção e segurança contra incêndios,

Oliver tinha trabalhado dez anos na Tyco, sendo os últimos seis no cargo de CEO. E, antes de liderar a Tyco, havia trabalhado 20 anos na GE, onde atuara em funções operacionais, assumindo responsabilidades cada vez maiores em várias divisões. Dizer que Oliver é um operador fenomenal seria pouco.

A Bionic começou a trabalhar com a Tyco em 2015, quando Oliver e sua equipe estavam em busca de novas maneiras de expandir a presença da empresa no mercado. Ao traçar sua estratégia para o futuro, eles queriam saber o que poderiam aprender com o Vale do Silício ou, em outras palavras, queriam saber quais fatores levavam algumas startups a obter um enorme sucesso.

"Tivemos cem anos de sucesso criando produtos para o setor de proteção e segurança contra incêndios, desenvolvendo soluções e fornecendo toda a manutenção para os sistemas instalados, mas não pensávamos além disso", Oliver explicou.

Você já deve ter diagnosticado a situação: eles estavam olhando para o Mercado Total Disponível, não para o Problema Total Disponível. Só que tinham percebido que o buraco era mais embaixo do que imaginavam: a Tyco estava presa à mentalidade clássica do Grande ao Maior.

"Vamos encarar. Se você domina o lado operacional, acha que sabe todas as respostas porque passou por todos os problemas", Oliver continuou. "Então você dá as respostas sem pensar duas vezes. Acabamos percebendo que grande parte desse comportamento se torna um obstáculo ao nosso crescimento."

Como os líderes *se tornam* líderes depois de décadas aprendendo, observando, analisando e conquistando vitórias, eles desenvolvem muito conhecimento institucional e uma boa visão para os negócios. E também podem ter dificuldade de admitir que, para instalar e implantar um Sistema Operacional de Crescimento, precisam aplicar grande parte desse conhecimento conquistado a duras penas para promover algumas mudanças radicais de mentalidade.

"O problema é que você trabalha com pessoas inteligentíssimas que tiveram muito sucesso fazendo as coisas de determinado jeito", concorda Debby Hopkins, ex-diretora de inovação do Citi. "Não é fácil porque você é forçado a admitir que seu jeito de fazer as coisas deixou de ser bom o suficiente."

No século 20, ter sucesso significava tornar-se um líder em uma empresa global. Mas, no século 21, para ocupar um cargo de diretoria ou acima você precisará se tornar um *líder de crescimento*. O que isso implica?

"Hoje em dia, a liderança tem de ser multidimensional. Você precisa ter fortes habilidades operacionais. Precisa construir equipes fortes. Mas também precisa ter uma visão de crescimento, que é o catalisador do sucesso no futuro", insiste Oliver.

Para promover o crescimento do Novo ao Grande, você precisa aprender como se tornar ao mesmo tempo um operador e um criador. Você precisa se tornar ambidestro. Trabalhamos com criadores de novos negócios, entrevistamos e empregamos criadores e nós mesmos criamos novos negócios e, com base nessa experiência, identificamos dez fatores que transformam operadores em criadores:

1. Olhe de fora para dentro;
2. Concentre-se no que os clientes fazem, não no que dizem;
3. Aceite os fracassos produtivos;
4. Defina uma data de validade para os dados;
5. Livre-se do vício de estar sempre certo;
6. Use apenas balas de chumbo;
7. Pratique o desapego;
8. Construa escadas para a Lua;
9. Evite o teatro do sucesso;
10. Seja um líder ambidestro.

Vamos analisar cada um desses fatores em detalhes.

1. Olhe de fora para dentro

A maioria das empresas dá muito valor ao próprio conhecimento, experiência e insights e subestima as experiências, as tendências e os segredos existentes fora de suas paredes. No entanto, a maioria das histórias de sucesso de startups resulta de forças que os empreendedores não têm como controlar. E os venture capitalists sabem disso.

Perguntamos regularmente aos venture capitalists qual porcentagem de seus sucessos se deve ao *timing* do mercado, à sorte, ao destino ou ao termo que você preferir usar para isso. Eles sempre respondem que a proporção é altíssima. "Acho que estar no lugar certo no momento certo leva a 99% de tudo", diz Albert Wenger, sócio-diretor da Union Square Ventures. *Certo e no momento certo*. Concordamos totalmente com essa avaliação.

Os venture capitalists sabem que os verdadeiros impulsionadores de todos os seus sucessos são externos, como mudanças na legislação, a redução do custo de uma tecnologia, as tendências de consumo, e não fizeram nada para mudar esses fatores. Em outras palavras, os principais fatores são *externos*, são fatos que acontecem em seu próprio tempo e que os venture capitalists não têm como controlar. Isso significa que olhar o mundo de dentro para fora é uma péssima estratégia para criar algo novo. Você precisa *olhar de fora para dentro*.

Começar com uma tecnologia de P&D e procurar um cliente para quem vendê-la? Isso é olhar de dentro para fora. Comprar uma empresa porque ela está ameaçando sua participação de mercado? Você está olhando de dentro para fora. Buscar um novo canal para seus widgets existentes? Você está pensando de dentro para fora. (E com uma mentalidade incremental.)

Olhar de fora para dentro significa perguntar: quais forças externas estão nos afetando? Como o cenário está mudando? Quais novos facilitadores nos permitirão resolver esse problema do cliente de maneira exponencialmente melhor do que o problema está sendo resolvido agora? E como podemos alavancar os recursos e as competências que só nossa organização tem, nossos "talentos únicos", para capturar e alavancar essas forças? Como líderes, precisamos estar bem cientes das novas e emergentes forças do mercado para podermos desenvolver ideias extraordinárias na empresa e lançá-las no momento ideal. Precisamos ver o potencial e nos posicionar para agir quando chegar a hora.

Vejamos um exemplo da abordagem de olhar de fora para dentro na prática.

Os veículos aéreos não tripulados (mais conhecidos como drones) são um exemplo fantástico de uma tecnologia que avançou em uma cronologia que ninguém poderia ter previsto. Foram usados pela primeira vez em combate no início da década de 1970, mas levaram mais 40 anos para se tornar um instrumento de guerra comum. Quando o custo da tecnologia caiu e ela se tornou mais amplamente disponível, as empresas se puseram a pensar em como poderiam alavancá-la. No entanto, as primeiras tentativas de utilização comercial dos drones em 2012 pela Tacoraptor, empresa de entrega de tacos, foram interrompidas rapidamente pelo órgão de aviação dos Estados Unidos, a Federal Aviation Agency (FAA), o que não foi um bom presságio para uma adoção mais ampla. Dois anos depois, a FAA emitiu diretrizes que proibiam qualquer o uso comercial de drones (aparentemente em resposta a rumores de que a Amazon estava desenvolvendo uma rede de entrega usando drones), mas concedeu à empresa petrolífera British Petroleum (BP) permissão para usar drones para inspecionar sua infraestrutura em regiões remotas do Alasca. Esta última decisão da FAA abriu uma possibilidade para a eventual utilização comercial de drones. Apesar de os legisladores terem começado com uma abordagem conservadora, é só uma questão de tempo para a onda dos drones ganhar força.[1]

Então, quando começamos a trabalhar com uma grande companhia de energia em 2015, não nos surpreendemos ao saber que eles estavam monitorando de perto a utilização comercial de drones em suas análises de fora para dentro. Nos dois anos seguintes, ajudamos essa empresa a plantar a semente de uma Área de Oportunidade com conceitos de soluções que alavancavam os drones e um ponto forte que só a empresa tinha para resolver um enorme problema do cliente. (Desculpe, não podemos revelar o que é.) A pergunta que eles continuam fazendo ao realizar experimentos para validar essas soluções é "*Quando?*": quando as leis vão mudar e viabilizar a ampla adoção dessa tecnologia? Eles sabem que é só uma questão de tempo e estão esperando essa hora chegar.

Ao olhar de fora para dentro, a companhia de energia criou um portfólio de apostas para garantir que estará *certa e no momento certo* quanto ao uso de drones.

Líderes incrementais

- Acreditam que o sucesso potencial de um novo produto ou negócio está totalmente sob seu controle.
- Têm visões inflexíveis sobre "como o mercado funciona".
- Observam as startups concorrentes e pensam: "Elas estão voltadas a nichos. Não temos por que nos preocupar".
- Acreditam que "o momento certo" é quando um cliente começa a exigir uma solução em vez de demonstrar que precisa da solução mudando seu comportamento.

Líderes de crescimento

- Acreditam que precisam estar certos e agir no momento certo, o que implica saber surfar uma onda que está fora de seu controle.
- Criam um "conselho consultivo" pessoal para se manterem atualizados sobre tendências e tecnologias relevantes.
- Montam uma equipe para trabalhar em possíveis cenários inexplorados para alavancar tecnologias ou tendências emergentes capazes de atingir um ponto de virada em três a sete anos.
- Observam como uma tecnologia está crescendo ou mudando um mercado ou possibilitando um novo comportamento do cliente, tendo em mente que o tamanho do mercado pode ser bem diferente em um ano.

---

2. Concentre-se no que os clientes fazem, não no que dizem

O pessoal experiente de marketing sabe que os clientes muitas vezes não fazem ideia do que querem até que alguém lhes dê essa opção. Reza a lenda que Henry Ford declarou: "Se eu tivesse perguntado às pessoas o que elas queriam, elas teriam respondido que queriam cavalos mais rápidos".

Por outro lado, o investidor de venture capital Eric Paley insiste que essa atitude demonstra grande arrogância e desdém em relação ao cliente: "Bons gerentes de produto não perguntam a seus clientes o que eles querem. Não é tarefa do cliente saber. Os melhores gerentes de produto perguntam: 'Por que você quer um cavalo mais rápido? O que você quer de um cavalo mais rápido? Você preferiria se o seu cavalo comesse menos e parasse menos? Você preferiria se ele não desse coices?'". A lição que podemos tirar dessa história é que você precisa fazer perguntas que revelem a raiz da necessidade do cliente.

É claro que, na época, a alternativa a fazer um levantamento com os clientes era arriscada e dispendiosa: montar uma fábrica, construir um carro e esperar que as pessoas quisessem e comprassem o carro. Você teria de ser um visionário, estar certo, agir no momento certo e ter montanhas de capital para financiar seu experimento. Hoje, a Ford poderia adotar uma abordagem muito mais barata e rápida: fazer entrevistas com os clientes, como Paley sugere; dimensionar o Problema Total Disponível para garantir que a oportunidade seja grande o suficiente; criar um site apresentando um protótipo do Modelo T, um vídeo de demonstração e um formulário de pré-venda para verificar o interesse; comprar alguns anúncios no Facebook e no Google; e testar a demanda do consumidor por alguns milhares de dólares por alguns dias.

Inclusive esse mesmo modelo para medir o apetite do consumidor é empregado pela Tesla. A empresa disponibilizou a pré-venda de seu automóvel Modelo 3 vários anos antes da entrega. E as pessoas chegaram a se inscrever para comprar (mediante um depósito de mil dólares!) antes mesmo de a Tesla ter um protótipo funcional.[2] Isso demonstra o poder da intenção do cliente, do mercado-alvo dizendo: "Eu não só posso expressar ativamente meu desejo de comprar este produto como me disponho a bancar esse desejo abrindo a carteira".

Concentrar-se no que o cliente faz e não no que ele diz é uma mentalidade que enfatiza o *comportamento* do cliente, que revela muito mais as verdades do mercado do que uma pesquisa usando a metodologia da Voz do Cliente (VOC). Além de os clientes nem sempre saberem o que querem, eles não têm nada em jogo se a empresa fizer um levantamento seguindo a metodologia da Voz do Cliente. Os experimentos precisam ser concebidos para *custar* algo aos clientes a fim de medir o verdadeiro nível de interesse e comprometimento dos entrevistados. Vejamos dois cenários hipotéticos de pesquisa com os clientes:

- **Cenário 1:** Este widget resolve seu problema, Fulano? *Sim.* Que bom! Você acha que compraria o widget? *Com certeza!* Qual deles você teria mais chances de comprar? *O azul.* Quanto você estaria disposto a pagar pelo widget azul? *Acho que de 25 a 30* dólares. E qual a probabilidade de você comprar esse widget quando ele chegar às lojas? *Ah... acho que vou comprar, sim.* É um excelente produto. Conclusão da pesquisa: Compra provável do widget azul na faixa de preço de 25 a 30 dólares.

- **Cenário 2:** Este widget resolve seu problema, Fulano? *Sim.* Que bom! Você não quer aproveitar para encomendar este produto agora? Sai só por 29,99 dólares, com frete grátis. É só passar suas informações de cartão de crédito e seu endereço, e você só vai ser cobrado quando o produto for enviado. *Hmmm... Quero dizer, o widget parece muito bom, mas prefiro deixar para comprar depois.* Tudo bem! Sem problema. Então você não quer ser incluído em nosso mailing para ser notificado assim que o produto for lançado? Você poderá ser um dos primeiros a comprá-lo. *Bem... parece ótimo, mas eu já recebo tantos e-mails... Prefiro não te passar meu e-mail hoje.*

Resultado do experimento: O entrevistado declarou interesse, mas não houve nenhuma adesão ao preço de 29,99 dólares e nenhum inscrito para ser notificado por e-mail. Proposição de valor não validada.

Duas abordagens para testes de proposição de valor que produzem dois resultados bastante diferentes.

Os líderes precisam exemplificar essa abordagem, encorajando suas equipes a criar experimentos que envolvam alguma troca de valor em vez de basear suas recomendações em respostas superficiais dos clientes. Quando as equipes dizem que "sabem" de alguma coisa, os líderes devem insistir para que expliquem *como* sabem disso. Quais experimentos foram feitos para demonstrar essa verdade?

Líderes incrementais

- Baseiam suas decisões em métodos de pesquisa tradicionais, como a Voz do Cliente.
- Partem do pressuposto de que os consumidores sabem o que querem e são capazes de articular seus desejos.
- Investem em todo e qualquer projeto se os dados de pesquisas tradicionais com clientes previrem algum sucesso.
- Usam as pesquisas de Voz do Cliente para orientar o design do produto.

Líderes de crescimento

- Validam ou invalidam soluções com base nas ações do consumidor.
- Incluem um "pedido" em todos os experimentos. (É preciso haver uma troca de valor, ou o experimento não passa de uma pesquisa fingindo ser um experimento.)
- Pedem a opinião dos clientes de uma maneira que lhes permita dar respostas totalmente imparciais. (Os clientes tendem a dizer o que acreditam que você quer ouvir se acharem que estão sendo julgados.)
- Criam um ambiente de teste que inclui uma variedade de designs de experimentos para poder usar a ferramenta certa no momento certo.

3. Aceite os fracassos produtivos

Acontece muito de, após uma de minhas palestras para a equipe de liderança de uma empresa, o CEO me puxar de lado e, em voz baixa, admitir um de seus maiores medos: que os líderes de sua empresa não lhes digam a verdade. Nesses raros momentos de vulnerabilidade dos CEOs, eu respiro fundo e, com franqueza radical, confirmo: "Eles não dizem".

Os CEOs são protegidos da verdade porque seus funcionários foram treinados para viver com medo de errar, de apostar no cavalo errado ou de defender uma ideia fracassada. As empresas estabelecidas não são estruturadas para o fracasso, e os executivos não estão posicionados para reconhecer o valor dos fracassos. Por isso, as pessoas pisam em ovos perto da liderança ou recitam cenários otimistas com resultados improváveis, em vez de admitir os erros.

É claro que o fracasso do qual estamos falando não é uma enorme e irreversível pisada de bola que pode levar a uma falência, ação judicial, demissões em massa ou pôr em risco a integridade física dos funcionários. Esse tipo de fracasso, caro leitor, seria um desastre. Estamos falando dos casos nos quais o *sonho* não se alinha com a *realidade*.

Como quando todos compram o sonho de que A será o futuro da empresa. A equipe já providenciou os recursos necessários e traçou um roteiro de cinco anos para A, e eles já estão há 18 meses na jornada. Fazem experimentos e descobrem que, apesar de os clientes não desejarem A, eles ficaram empolgadíssimos com B. Para quem vê de fora, a melhor decisão seria ajustar a visão, pivotar para B e seguir em uma nova direção. Só que, em uma empresa na qual desistir de um sonho é alvo de críticas, derrocadas políticas e outras consequências negativas, o custo do aprendizado é alto demais. Um erro pode custar toda uma carreira. Assim, a empresa inteira concorda tacitamente em ignorar a verdade do mercado e seguir em frente com um projeto que todos já sabem que não vai dar em nada. Chamamos esses projetos de "zumbis". Todo mundo sabe que eles são os mortos-vivos que devoram talentos e recursos porque ninguém ousa matá-los.

A abordagem de aceitar os fracassos produtivos requer reduzir custos e acelerar a aprendizagem. Essa abordagem requer fracassos pequenos, rápidos e baratos que acabarão apontando a direção certa em vez de se transformar em fracassos grandes, dolorosos e dispendiosos (quem se lembra da New Coke, quando a Coca-Cola resolveu mudar sua fórmula original?). Requer líderes criando um ambiente capaz de matar zumbis, liberando recursos e atenção para as oportunidades que continuam vivas. Requer aceitar as verdades do mercado, mesmo se forem contra todas as crenças, mesmo se exigirem uma pivotagem radical.

Podemos não ser capazes de vê-lo, mas o legado do fracasso produtivo está por toda parte: o WD-40, o famoso lubrificante que silencia rangidos e solta peças presas, foi batizado em homenagem às 40 tentativas necessárias para aperfeiçoar a fórmula.[3] O plástico-bolha foi inventado como uma tentativa de criar um papel de parede moderno e texturizado (o que obviamente foi um fracasso) e só se tornou um "sucesso instantâneo" anos depois, quando a IBM começou a usá-lo para proteger peças de computador durante o transporte. O primeiro corante sintético de tecido na verdade foi uma tentativa fracassada de criar uma versão artificial do quinino, um medicamento utilizado contra a malária. Os experimentos químicos criaram um lodo oleoso, que era um medicamento terrível, mas dava um belo tom de roxo à seda.

No Citigroup, trabalhamos com uma equipe interna batizada de D10X para criar um ecossistema empreendedor para o banco. Debby Hopkins, ex-diretora de inovação e fundadora da Citi Ventures, já estava bem ciente de que, para que seu trabalho tivesse sucesso, seria necessário acelerar a aprendizagem: "Você não só aprende sobre si mesmo, mas também aprende sobre o processo, sobre a tecnologia. Nada substitui a experiência".

Nick Beim, sócio da Venrock e venture capitalist, valoriza os fracassos produtivos quando financia uma equipe de startup: "Acreditamos que, quando alguém fracassa e usa isso para aprender, a pessoa melhora muito e é capaz de alavancar uma nova oportunidade munida do que aprendeu. Isso pode gerar resultados fantásticos".

Todo o ecossistema de empreendedorismo/venture capitalism se baseia numa teoria do portfólio que pressupõe um alto índice de fracassos. Vamos nos aprofundar nesse conceito no Capítulo 7, mas, por ora, vamos dar uma rápida pincelada para você ter uma ideia do que estamos falando: os dados mostram que 60% dos retornos sobre o capital de risco resultam de apenas 6% do capital investido, enquanto mais da metade dos investimentos perde dinheiro. As principais empresas de venture capital não fazem menos apostas erradas, só acertam apostas maiores.[4] Sim, isso significa que até os melhores venture capitalists geralmente fazem investimentos que fracassam. E fracassam feio. No entanto, eles aumentam suas chances de acertar grandes apostas, analisando as oportunidades potenciais pensando "E se a ideia vingar?" e não "E se a ideia for um fracasso?".

Aplicar esse modelo a uma empresa estabelecida e saudável, voltada para descobertas e obcecada pelo crescimento, implica que a empresa deve se dispor a tentar dezenas de coisas, não se incomodar ao ver a maioria morrendo na praia e ter coragem de dar uma boa olhada no espelho para aprender com o processo. Uma empresa que é incapaz de fracassar perde oportunidades de aprender e perde dinheiro. Um líder que inibe o fracasso produtivo está inibindo o crescimento.

A venture capitalist Esther Dyson usa a frase "Sempre cometa novos erros!" na assinatura de seus e-mails.[5] Um excelente conselho de uma venerável investidora. Precisamos dar a nossas equipes permissão para fracassar e precisamos criar mecanismos para garantir que esses fracassos sejam produtivos.

Líderes incrementais

- Temem todos os fracassos da empresa e os associam com perda de tempo, dinheiro e recursos.
- Alimentam os zumbis em vez de pivotar.

- Ficam surpresos quando uma "ideia infalível" se revela um fiasco depois de anos de planejamento.
- Não conseguem ter a visão geral para entender por que um projeto fracassou.

Líderes de crescimento

- Veem o fracasso como um subproduto inevitável de correr riscos e uma fonte necessária de aprendizado.
- Criam um portfólio de apostas sabendo que muitas não terão sucesso. (Mais detalhes no Capítulo 7!)
- Sempre perguntam se não há uma maneira mais barata/rápida de chegar ao mesmo aprendizado.
- São francos e abertos sobre os erros e evitam criticar os fracassos. Os líderes falam sobre os erros e os fracassos em reuniões, escrevem sobre eles nas newsletters da empresa e encorajam a empresa toda a aprender com os fracassos.

4. Defina uma data de validade para os dados

Correndo o risco de parecer um avô ranzinza, é inquestionável que os ciclos de negócios passam voando nos dias de hoje. Quer uma prova? Vamos dar um passeio pela aceleração da mudança nos últimos 11 mil anos, mais ou menos. (Não se preocupe, só vai levar um parágrafo.)

Quando a agricultura entrou em cena, lá pelo ano 10.000 a. C., os trabalhadores puderam desenvolver um modelo mental duradouro e confiável sobre o funcionamento de seu mundo.[6] Uma vez calculada a produção de milho extraída de um hectare de terra e a demanda de milho no vilarejo mais próximo, eles podiam trabalhar com base nesse conhecimento no decorrer de toda a sua vida profissional. A Revolução Industrial do século 19 levou a ciclos mais rápidos, mas constituiu as bases da economia global por quase 200 anos. Como a maioria das carreiras modernas se estende por algo entre 20 e 60 anos, essa velocidade da mudança permitiu que a maioria dos trabalhadores passasse a vida inteira aplicando as mesmas técnicas testadas e comprovadas. Hoje, a internet só tem uns 30 anos de idade, a duração de um único ciclo da carreira de um trabalhador. E a revolução da internet móvel tem apenas dez anos, uma pequena fração da vida profissional de uma pessoa.[7] A frequência de grandes ciclos de mudanças tecnológicas e nos hábitos do cliente aumenta a cada ano que passa.

Isso significa que os dados das empresas se mantêm relevantes por um tempo cada vez menor. Apenas algumas décadas atrás, era possível usar métodos, aprendizados e dados das fases iniciais de nossa carreira para tomar decisões. Com a enorme aceleração da mudança, essa abordagem deixou de ser confiável, mas não é fácil nos livrar dos velhos hábitos. Temos dificuldade de ignorar nossa experiência conquistada a duras penas e precisamos de muito esforço consciente para deixar de lado o que achamos que sabemos.

Na Bionic, montamos "barreiras de segurança" com nossos parceiros, que só permitem dados dos últimos 12 meses e projeções de até três anos no futuro. Os dados de mais de um ano precisam ser revalidados. E projeções tendo em vista mais do que três anos no futuro são consideradas quase o equivalente a uma bola de cristal, porque é impossível saber como a tecnologia e os modelos de negócio serão depois de tanto tempo.

Por exemplo, muitos modelos de negócio que fracassaram espetacularmente na bolha das pontocom, como o delivery de ração para pets e moedas on-line, hoje (20 anos depois) são a base de negócios lucrativos e sustentáveis.[8] O que levou ao sucesso da Chewy.com (fundada em 2011) e ao fracasso da Pets.com (fundada em 1998 e liquidada dois anos depois)? Qual foi a diferença?

Julie Wainwright, ex-CEO da Pets.com, ponderou a questão em um artigo para a *Business Insider*: "No mundo dos anos 2000, não existiam soluções plug-and-play escaláveis para gerenciar o e-commerce, o estoque e o atendimento ao cliente. Por isso, precisávamos empregar mais de 40 programadores. A computação em nuvem não existia, então precisávamos ter um *server farm* e toda uma equipe de TI só para o site não cair. Em 2000, o número de consumidores on-line ao redor do mundo não passava de 250 milhões. Hoje, esse número chega a 5 bilhões".[9]

A abordagem de definir uma data de validade para os dados requer substituir a reação instintiva de pensar "Isso não vai dar certo. Você não se lembra do que aconteceu com X?" por uma pergunta: "Por que isso poderia dar certo agora? O que mudou no mundo que poderia viabilizar esta ideia?". Significa que um empreendimento que foi catastrófico dez anos atrás pode ser lucrativo hoje. Também significa que, como líderes, devemos questionar constantemente as verdades do mercado e nosso posicionamento no mundo.

Albert Wenger, um experiente venture capitalist, concorda: "Quebre todas as regras. Acho que a maioria dos melhores investimentos só teve sucesso por ter quebrado alguma regra que existia antes". Como um líder de crescimento, você é o responsável por incentivar suas equipes a questionar e testar as crenças e as premissas com as quais trabalham no dia a dia. Nunca aceite a desculpa de que "sempre fizemos assim". Queime o manual de regras, revalide os dados e analise o problema sob um novo olhar.

Líderes incrementais

- Acreditam que são capazes de prever o que vai acontecer com os mercados, os modelos de negócio e as tecnologias daqui a anos.
- Ficam constrangidos com o risco de cometer o mesmo erro duas vezes.
- São famosos por dizer: "Sei como é. Eu também já passei por isso".
- Leem os mesmos livros, participam das mesmas conferências e ouvem os mesmos gurus de sempre. (Até dá para dizer que caíram na rotina.)

Líderes de crescimento

- Analisam e estudam as novas tecnologias e forças do mercado antes de prosseguir com um projeto.

- Definem uma data de validade para os dados, normalmente não mais do que 12 meses. Passado esse tempo, zeram o relógio e revalidam todas as suposições baseadas em quaisquer dados antigos.
- Sempre perguntam: "Por que agora? O que mudou e o que está impulsionando essa mudança? Como sabemos disso e quando aprendemos isso?".
- Mantêm a objetividade no que diz respeito ao que deveria funcionar em comparação com o que costumava funcionar e com o que funciona agora.

5. Livre-se do vício de estar sempre certo

Ninguém gosta de estar errado. É sério, até a ciência já confirmou isso. Psicólogos descobriram que, quando somos "injustamente" acusados de alguma coisa, a dissonância cognitiva que sentimos nos causa um desconforto enorme,[10] acionando as mesmas áreas do cérebro que registram a dor física.[11] A consultora e escritora Judith Glaser comparou nosso desejo coletivo de estarmos certos e vencer discussões com um vício, do ponto de vista psicológico.[12]

Vício ou não, nossa necessidade constante de estarmos certos é improdutiva por vários motivos. Para começar, ficamos absolutamente insuportáveis. E a insistência obstinada de que temos razão não adianta nada para convencer as pessoas de que estamos certos e elas, erradas. Pesquisadores da Cornell descobriram que, no contexto de um debate, uma linguagem mais contida e aberta a alternativas é consideravelmente mais persuasiva.[13] E, com o tempo, nosso apego à ideia de que estamos certos pode até nos impedir de *efetivamente estarmos certos*. Quando nos fechamos para o diálogo e a experimentação, deixamos de aprender.

Andy Grove, um dos fundadores da Intel e lendário ex-CEO da empresa, usava uma abordagem interessantíssima para se proteger desse vício, seguindo o mantra de "discordar e se comprometer".[14] Essa abordagem permite que os membros da equipe digam que discordam de uma ideia ao mesmo tempo que a acatam e se comprometem a segui-la. Os dois lados admitem que ninguém pode saber com certeza qual a direção certa e decidem avançar juntos em vez de perder tempo discutindo.

Grove não é o único a acreditar que estar errado pode ser produtivo. Janice Semper, ex-líder da GE Culture e cofundadora da Fast-Works da GE, admitiu: "Tínhamos a cultura de ser viciados em ter razão... tínhamos a cultura da perfeição. Não sabíamos como trabalhar em parceria com nossos clientes e ver os problemas do ponto de vista deles. Tivemos de treinar nossos líderes para agir de um jeito diferente. Tivemos de convencê-los de que era melhor fazer perguntas do que saber todas as respostas".[15]

Debby Hopkins também acredita que o vício em estar certo é perigoso. Ela diz: "Se uma pessoa teve muito sucesso na carreira, é natural achar que sabe tudo. O desafio agora é levar esses líderes incrivelmente bem-sucedidos a entender que as fórmulas do passado deixaram de se aplicar. A verdade é que a previsibilidade é coisa do passado".[16]

Os líderes que abandonam seu vício em estar certos em geral ganham acesso a mundos completamente novos de inspiração e criatividade. Parte da implantação do empreendedorismo e do venture capital como formas de gestão dentro de sua empresa inclui encorajar as equipes empreendedoras e seus consultores internos a admitir que estão errados para abrir novas oportunidades.

Líderes incrementais
- Dizem às equipes o que elas devem pensar em vez de fazer perguntas para saber por que elas acham que A é a decisão certa ou como elas aprenderam B.
- Em apresentações, dão destaque a dados que confirmam a tese que defendem e ignoram dados que não se encaixam na narrativa.
- Confundem mudar de ideia com indecisão ou insegurança.
- Valorizam a determinação ao aprendizado.

Líderes de crescimento

◆ Fazem perguntas (perguntas reais e abertas, não perguntas que conduzem às respostas que eles querem ouvir) em vez de dar as respostas quando as equipes reportam o que estão fazendo.

◆ Não falam em "vencer" ou "perder" uma discussão. É possível aprender nos dois casos.

◆ Tomam decisões com base nas evidências coletadas pelas equipes, mesmo contradizendo o que eles "sabem" ser verdade.

◆ Recompensam os "reveladores da verdade", ou seja, as pessoas dispostas a contradizer as crenças da empresa, as melhores práticas do setor e até os vieses dos próprios líderes.

6. Use apenas balas de chumbo

Analistas de celebridades do mundo corporativo e acadêmicos que elaboram estudos de caso simplesmente *adoram* balas de prata. Nada como uma boa bala de prata para destacar a genialidade de um líder empresarial e apresentar uma estratégia brilhante que levou ao sucesso estratosférico de uma empresa ou que a salvou da morte certa. O atrativo das balas de prata está no fato de que elas dão a ilusão de simplicidade e facilidade. "Se formos inteligentes e dermos duro, será só uma questão de tempo até descobrirmos a única coisa que precisaremos fazer para resolver nosso problema complexo e aparentemente impossível!", as pessoas argumentam. Não queremos ser chatos, mas isso não passa de um grande devaneio ou, mais especificamente, de querer se agarrar a um "pensamento mágico".

Na verdade, a expressão tem origens na velha crença do poder mágico da prata e da superstição de que as balas de prata eram a única maneira de matar lobisomens ou seres sobrenaturais. (Por falar em problemas impossíveis...)

No início de sua carreira, o empresário e venture capitalist Ben Horowitz aprendeu sua lição sobre as balas de prata. Enquanto trabalhava na Netscape como diretor de produto para os servidores da web produzidos pela empresa, a Microsoft lançou seu Internet Information Server (IIS). O produto da Microsoft era cinco vezes mais rápido do que o da Netscape e seria distribuído gratuitamente. Horowitz planejou freneticamente uma série de parcerias e aquisições que acreditava que poderiam proteger o produto da Netscape do ataque, mas levou uma bronca tão grande do diretor de engenharia que saiu com as orelhas queimando. O diretor de engenharia, que já tinha enfrentado a Microsoft várias vezes antes, disse: "Nosso servidor da web é cinco vezes mais lento, e ponto-final. Nenhuma bala de prata vai mudar isso. A única solução é usar um arsenal de balas de chumbo". Aprendida essa lição, Horowitz e sua equipe se concentraram em uma enxurrada de pequenas melhorias que, juntas, corrigiriam os problemas de desempenho, e a Netscape acabou superando os benchmarks de desempenho da Microsoft.[17]

A abordagem de usar só balas de chumbo reconhece que não existem balas de prata quando se trata de crescimento. Vai dar muito trabalho, e você vai precisar usar muitas balas de chumbo para instalar um Sistema Operacional de Crescimento bem integrado com o resto da empresa. Nenhum modelo (ou livro, conferência ou guru da administração) vai dar um jeito nisso com um toque de mágica. Não há como "evitar a batalha", como diz Horowitz. Você precisa "entrar pela porta da frente e encarar o brutamontes que está bloqueando sua passagem".

Por fim, as empresas que quiserem crescer devem se dispor a investir os recursos, o tempo e o capital político necessários para desenvolver uma capacidade de crescimento robusta e integrada em vez de passar de uma "gambiarra" a outra ou de um modismo de gestão ao próximo. A liderança deve admitir que esse processo não deve se limitar a "entregar os números do trimestre", mas deve almejar a sobrevivência da empresa no futuro.

4 | O desafio do líder de crescimento   71

Líderes incrementais
- Vivem em busca de "vitórias fáceis".
- Conhecem a solução da "bala de chumbo", mas se intimidam com ela e preferem evitá-la.
- São reativos e não proativos no que diz respeito à inovação.
- Acreditam que adquirir outra empresa ou imitar um concorrente ou *qualquer outra coisa* resolverá todos os seus problemas.

Líderes de crescimento
- Analisam em profundidade a situação e levam em consideração todas as ferramentas que podem usar e todas as oportunidades de mudança. Lembre-se de que a solução nunca é uma ação única e isolada.
- Analisam como eles estão medindo e recompensando o trabalho. Mudar as prioridades requer atualizar as métricas e os incentivos.
- Seguem dois cronogramas para monitorar o sucesso: analisam o progresso ao longo de meses e anos, enquanto celebram pequenas vitórias e o aprendizado rápido ao longo de dias e semanas.
- Não tomam a poção mágica. Ações só "para inglês ver" nem sempre refletem a realidade, e os casos vendidos como "sucessos instantâneos" levaram décadas para chegar lá. (Fique de olho no prêmio.)

7. Pratique o desapego

Se você já leu *Ratos e homens*, de John Steinbeck, com certeza se lembra do personagem Lennie, o grandalhão que adorava fazer carinho em bichinhos fofinhos, mas acabava por matá-los. Lennie não era um personagem maldoso, nem um futuro sociopata. Era cheio de boas intenções e tinha um enorme carinho por todos os seres vivos, mas desconhecia a própria força. Ele se agarrava tanto às coisas que as destruía.

Fazer a transição para um processo que envolve incontáveis tentativas e erros nos leva a querer nos agarrar a quaisquer sucessos, por mais frágeis que sejam. Você investiu o tempo da empresa em dezenas de pequenas apostas de inovação, aprendeu com os fracassos e aumentou o investimento nas apostas mais promissoras. É natural se apegar àquelas que mostrarem qualquer potencial de sucesso.

Os empreendedores experientes sabem que a receita proveniente dos primeiros clientes em geral é a receita "errada". Os adotantes iniciais não costumam ser representativos de sua base potencial de clientes e, não é prudente tirar grandes conclusões com base nessa pequena amostra inicial. As startups costumam passar meses ou até anos tentando descobrir quem é o cliente "certo", fazendo pequenos ajustes nos preços, na fidelidade, nas margens e nas operações, antes de começar a escalar. Esses são os "anos de patinho feio da adolescência" de uma startup, e você não pode ignorá-los. Caso contrário, estará escalando algo que ainda não sabe ao certo se vingará. (E essa decisão pode levar a um grande e dispendioso fracasso, que é o tipo *errado* de fracasso.)

Também é tentador forçar o sucesso das apostas, concedendo-lhes todas as mordomias que as grandes corporações têm a oferecer, como uma infraestrutura espetacular, acesso privilegiado a clientes e parceiros, os melhores talentos das melhores equipes e atenção especial. Como líderes, queremos recompensar o progresso e alavancar nossos pontos fortes. Por outro lado, as restrições promovem a criatividade, e os empreendedores que podem contar com fundos ilimitados nunca irão tão longe quanto os que precisam suar a camisa para pagar as contas no fim do mês. Em um estudo de trabalhos premiados envolvendo 1,7 milhão de pessoas e conduzido pela O. C. Tanner, uma consultoria de incentivos a funcionários, os pesquisadores descobriram que os resultados mais criativos e de maior sucesso nasceram de limitações e restrições, e não de recursos infinitos e cartas brancas.[18]

O crescimento do Novo ao Grande requer alavancar sua experiência, talentos e ativos estratégicos em empreitadas inovadoras, além de preservar um ambiente empreendedor saudável e autêntico no qual as startups devem provar a eficácia de seus modelos e fazer por merecer. Confie nisso e não force a barra antes da hora ao primeiro sinal de sucesso.

Líderes incrementais

- Saem atirando sempre que uma empreitada lhes parece minimamente promissora e tentam escalar o empreendimento antes da hora, enchendo-o de recursos adicionais – e muita pressão.
- Medem o sucesso intensificando a badalação, sem se preocupar com os clientes, o crescimento, a receita e até os lucros.
- Têm uma equipe acomodada.
- Acreditam que a receita proveniente dos primeiros clientes representa toda a base de clientes e encorajam as equipes a "seguir em frente a qualquer custo" e replicar esse sucesso antes de estarem prontos.

Líderes de crescimento

- Antes de dar seu suporte, eles perguntam: "Se esta fosse uma startup independente, quais recursos teria?".
- Buscam, para a equipe, pessoas com garra e capazes de atingir o sucesso mesmo com restrições. Essas pessoas têm menos chances de ser os funcionários de "alto potencial" e mais chances de ser os criadores, os "cientistas malucos" e os "reveladores da verdade".
- Têm autocontrole quando veem que uma equipe/startup está começando a decolar. Eles não a incorporam à empresa ao primeiro sinal de sucesso e dão ao empreendimento entre 6 e 18 meses para a equipe passar pelo "anos de patinho feio da adolescência".
- Encorajam as equipes a não se contentar com a receita proveniente dos primeiros clientes e a buscar os clientes (lucrativos, obcecados e fiéis) dos quais precisam para expandir o empreendimento.

8. Construa escadas para a Lua

Em maio de 1961, o presidente Kennedy fez um discurso antes de uma sessão do Congresso anunciando que os Estados Unidos levariam um homem à Lua até o fim da década. A primeira missão lunar da história foi um objetivo enorme e ambicioso para acelerar a tecnologia espacial dos Estados Unidos na tentativa de alcançar a União Soviética, que já tinha posto um homem em órbita em volta da Terra no início daquele ano. No dia 20 de julho de 1969, apenas 164 dias antes do fim da década, a *Apollo 11* pousou na Lua e Neil Armstrong deu seu "salto gigante para a humanidade".

Mais recentemente, o termo *moonshot* ("missão lunar", em inglês) entrou no jargão corporativo quando o braço de inovação da Alphabet (chamada simplesmente de X) passou a se descrever como "uma fábrica de *moonshots*". O X lançou projetos extremamente inventivos, como os carros autônomos da Waymo e os balões de internet Loon, projetados para expandir o acesso à internet por todo o planeta. Bateu uma inveja? Dá para entender. A ideia de um *think tank* que conta com verbas praticamente infinitas e liberdade para conceber e fazer experimentos com ideias revolucionárias é incrivelmente sedutora. Só que é fácil esquecer que as ideias só são apresentadas ao público em seu estágio mais maduro. Ninguém de fora conhece a evolução passo a passo desses empreendimentos transformadores.

Um *"moonshot"* costuma ser definido como uma aposta grande, dispendiosa e arriscada, mas o primeiro "salto gigante para a humanidade" levou oito anos de pesquisa e desenvolvimento metódicos, baseados em décadas de trabalho nos bastidores antes disso. Cada passo adiante, cada sucesso incremental, é um degrau de uma escada. É a atividade nos bastidores que realmente possibilita uma realização audaciosa, e precisamos dedicar muita paciência e investir muitos recursos para cultivá-la. Em outras palavras, se uma empresa quiser fazer um *moonshot*, será muito melhor construir uma escada do que uma catapulta.

Construir uma "escada para a Lua" pode parecer uma tarefa chata e desprovida de qualquer glamour, mas, se você se dedicar a isso, vai aprender e capturar competências quando necessário, mesmo sem seguir uma ordem estabelecida. Com uma catapulta, você investe todos os seus recursos para construir um mecanismo que lhe dá uma chance única e empolgante de atingir a estratosfera. Com uma escada,

4 | O desafio do líder de crescimento   75

você começa de baixo, construindo os degraus à medida que eles são disponibilizados, mesmo se o oitavo surgir muito antes do terceiro. A escada permite que o processo de aprendizagem avance naturalmente e, mesmo se parecer um pouco confuso, ajuda a saber completa e profundamente como o objetivo foi atingido. E lhe dá a possibilidade de subir e descer várias vezes, em vez de concentrar toda a sua energia em um único e colossal esforço.

O fundador da SpaceX, uma empresa de sistemas aeroespaciais e de transporte espacial, tem como sua maior ambição colonizar Marte. A empresa usou essa abordagem dos degraus fora de ordem e conhece a importância de avançar aos poucos. Veja esta cronologia do progresso da empresa:

- **2001:** a SpaceX dá os primeiros passos em direção a seu ambicioso objetivo ao explorar a utilização de foguetes russos terceirizados de baixo custo para enviar estufas para Marte. Quando os foguetes terceirizados se mostram dispendiosos demais, a empresa decide construir os próprios foguetes.
- **2008:** a SpaceX coloca sua primeira espaçonave em órbita. (Note que sete anos se passaram. Não é pouca coisa!)
- **2010:** para tornar os voos espaciais comerciais financeiramente viáveis para não bilionários, seria necessário recuperar e reutilizar a espaçonave. Assim, a SpaceX se concentra em aperfeiçoar esses protocolos. Em 2010, a primeira espaçonave é recuperada, mas sua reutilização ainda está longe de ser possível.
- **2012:** para se tornar financeiramente viável, a SpaceX lança outra unidade de negócio dedicada a serviços de entrega espacial. Nesse ano, a empresa faz a primeira entrega de um satélite a uma estação espacial.
- **2013:** em seguida, vem a entrega de suprimentos para as estações espaciais.

- **2015:** a SpaceX realiza seus primeiros pousos controlados em terra e numa plataforma marítima.
- **2016:** a empresa começa a estudar a viabilidade de lançar uma rede de 4 mil satélites para fornecer acesso global à internet. Os lucros dessa operação financiariam as ambições interplanetárias da empresa.[19]
- **2017:** a SpaceX faz sua primeira reutilização bem-sucedida de um foguete patenteado. (Um degrau que a empresa queria ter atingido em 2010, mas só alcançou em 2017.)

Esse passeio pela história da SpaceX mostra que chegar à Lua pode até ser o objetivo final, mas os melhores empreendedores começam pequeno e avançam passo a passo. A empresa logo abandonou a ideia pouco realista de chegar imediatamente a Marte e preferiu desenvolver as competências necessárias para alcançar esse objetivo com o tempo. Essa abordagem difere da ideia incrementalista de "inovação sustentada" porque cada passo é mais desafiador do que o anterior, mesmo quando os degraus da escada saem da sequência.

Não há problema algum em querer chegar à Lua. No entanto, esperar chegar lá na primeira tentativa só levará a decepções. É melhor se concentrar no progresso passo a passo.

Líderes incrementais

- Focam exclusivamente no tamanho da solução, não no problema maior que a solução se propõe a resolver, e muitas vezes descartam soluções que lhes pareçam pequenas demais.
- Sonham com o dia do lançamento, em vez de sonhar com as vitórias menores que podem conquistar em um ano.
- Planejam um crescimento contínuo e linear, desde o lançamento até o pouso na Lua, como se isso acontecesse naturalmente, só pela força do impulso.
- Estão mais preocupados em escalar uma startup em vez de ajudar os cofundadores e os consultores internos certos a dar início ao trabalho.

> Líderes de crescimento
>
> - Resolvem imediatamente as primeiras partes do problema. (Com o tempo, essas partes criam uma escada para a solução.)
> - Concentram-se em portfólios de apostas, e não em um único tiro de catapulta. (Com um portfólio, as equipes podem alavancar as lições aprendidas usando as apostas invalidadas para se aproximar de uma solução viável.)
> - São abertos a aprender "fora de ordem", se necessário.
> - Não hesitam em escalar quando chega a hora.

9. Evite o teatro do sucesso

Ninguém gosta de fracassar. Mas você sabe o que é pior do que o fracasso? Um fracasso disfarçado de sucesso. O termo *teatro do sucesso* foi cunhado por Eric Ries em seu livro *A startup enxuta*. Ele o definiu como a ação de "levar as pessoas a achar que você é bem-sucedido, [gastando] a energia que poderia estar dedicando a satisfazer os clientes".[20] O teatro do sucesso costuma vir acompanhado de "métricas de vaidade", ou seja, números que parecem excelentes, mas que não mensuram a saúde do empreendimento.

Por exemplo, o site de uma startup que tem alto tráfego, mas baixa conversão, pode apresentar só o tráfego e não a conversão nos relatórios, para dar uma impressão de sucesso. Como diz o ditado, "o que é medido é gerenciado", de modo que o tráfego passa a ser o foco da equipe e talvez até dos investidores e consultores internos que lhe dão apoio. Só que, se a métrica mais relevante para o sucesso desse modelo de negócio específico for a conversão, a startup vai ter dificuldade de avançar.

As empresas estabelecidas já devem conhecer bem esse conceito. Afinal, a dança trimestral de otimizar os índices financeiros para os analistas do mercado financeiro também pode ser categorizada como um teatro do sucesso. Cortar ativos para aumentar artificialmente o ROA (retorno sobre os ativos) quando vocês não conseguiram aumentar os retornos? Esse é um belo exemplo de teatro do sucesso. (Se doeu ler isso, você sabe que é verdade.)

No contexto do lançamento de um novo negócio, o teatro do sucesso pode ser fatal. A maioria das corporações está acostumada a se concentrar em alguns poucos projetos grandes e relativamente seguros. Só que elas não estão familiarizadas com a natureza de alto risco das startups, em que é normal o fracasso de mais da metade delas. De preferência, as grandes empresas vão se intimidando menos com o passar do tempo, cultivando um portfólio de pequenas apostas e aumentando o investimento à medida que essas apostas apresentam sucesso. No entanto, se elas só *fingem* aceitar essa maneira alternativa de lançar e dar apoio aos produtos, esse faz de conta não passa de varrer a sujeira para debaixo do tapete. (Você se lembra do que dissemos sobre os projetos zumbis?)

Para evitar o teatro do sucesso, é preciso agir como um adulto e se dispor tanto a ouvir quanto a dar más notícias. Você precisa mensurar o que realmente está acontecendo, em vez de só analisar as métricas que mostram uma imagem positiva. Essa abordagem aumentará a confiança das equipes em você e no empreendimento porque a única história contada se fundamenta na realidade, e não em ilusões e manobras políticas. E, quando acontecer de vocês terem "boas notícias", todos saberão que as notícias são boas mesmo, e não mera fachada. Evitar o teatro do sucesso libera talentos e fundos para apostas com verdadeiro potencial de sucesso.

Líderes incrementais

- Escolhem aspectos positivos de suas apostas para se concentrar, não o desempenho geral do empreendimento.
- Escondem os fracassos para não se prejudicar politicamente na empresa.
- Evitam ver os pontos fracos do empreendimento.
- Têm dois pontos de vista distintos sobre o empreendimento: o verdadeiro e o que apresentam aos outros (incluindo membros da própria equipe).

Líderes de crescimento

- Apresentam as métricas de desempenho no contexto do quadro geral. São abertos a ver e divulgar tanto os fracassos quanto os sucessos.
- Procuram indicativos e métricas que mostram os pontos fracos da ideia. Com isso, podem encontrar oportunidades de melhorar.
- Concentram-se no sucesso da startup no mercado. Tropeços e vitórias nas fases de teste ajudam as equipes a aprender, mas, para impulsionar o crescimento, a empreitada deve fazer uma diferença no mundo real.
- Não personalizam os fracassos nem os sucessos.

10. Seja um líder ambidestro

Mais cedo ou mais tarde, todas as empresas precisam escolher entre abrir novos negócios e operar os já existentes. Historicamente, as incursões em novos territórios sempre ficaram a cargo de empreendedores e departamentos de P&D, enquanto administrar o *status quo* é uma tarefa de gerentes e executivos. No entanto, os verdadeiros líderes de crescimento devem aprender a fazer as duas coisas e se tornar completamente ambidestros.

Em 1991, James March, professor da Stanford, já tentava nos ensinar essa lição. Em um artigo intitulado "Exploration and Exploitation in Organizational Learning", destaca a importância das táticas de liderança que equilibram o existente e o novo. March postula que, dada sua maior incerteza e um horizonte de tempo mais extenso, a *exploration* (a exploração do novo) sempre corre o risco de sair na lista de prioridades. A *exploitation* (a exploração do que já existe) é a aposta segura, enquanto a *exploration* é tão arriscada que chega a desanimar. E, quando as organizações aprendem a dominar a exploração do conhecimento já existente (*exploitation*) e acumulam uma longa lista de sucessos com base nessa abordagem, a exploração do novo (*exploration*) vai ficando cada vez menos atraente. As empresas podem passar um bom tempo surfando na exploração de seus produtos, serviços e competências existentes. Erradicar por completo a exploração do novo, contudo, leva à estagnação e ao declínio.[21]

"O único jeito de ter esse tipo de flexibilidade é criando uma cultura na qual a mudança é esperada e completamente aceitável, o que reduzirá o medo e a angústia", explicou Fidji Simo, vice-presidente de produtos do Facebook: "Você cria essa cultura encarregando as pessoas de um problema, não de um produto; repetindo vez após vez que estão trabalhando em um mercado em que as premissas vivem mudando e não há problema nisso; lançando logo os produtos para obter um feedback inicial e fazer os ajustes necessários. Se você fizer tudo isso, cria uma organização capaz de absorver as mudanças, o que é fundamental".[22]

Na base da pirâmide, faz sentido encarregar seus criadores de encontrar novas oportunidades enquanto seus operadores se concentram na execução dos planos, mas, no nível da liderança, você precisa aprender a fazer as duas coisas.

A enorme vantagem que as empresas estabelecidas têm sobre as startups é a capacidade de transformar o Novo em Grande e o Grande em Maior. E isso só pode acontecer se a liderança falar as duas línguas e criar uma interface entre esses dois tipos de competência. Fazer a transição de analisar um plano estratégico pela manhã a orientar a equipe de uma startup à tarde requer uma destreza mental que só vem com a prática. Tornar-se um líder ambidestro é o seu maior desafio na busca pelo crescimento.

Líderes incrementais

- Criam áreas isoladas na empresa voltadas exclusivamente à descoberta criativa. Atribuem a cada uma dessas áreas uma supervisão separada, não integrada aos outros departamentos.
- Concentram-se em aumentar as margens, e não em lançar novos projetos.

- Ficam nervosos quando veem que um fluxo de lucro de um negócio essencial está minguando em vez de se empolgar com novas oportunidades.
- Deixam dinheiro parado no balanço patrimonial ou o usam para recomprar ações, na tentativa de aumentar os preços em vez de investir em oportunidades de crescimento.

<u>Líderes de crescimento</u>
- Incluem explicitamente tanto as experiências operacionais quanto as de criação de negócios nos requisitos dos cargos de liderança e alinham os incentivos de acordo.
- Elaboram planos de desenvolvimento profissional para criar competências de "criador" e de "operador" para o pipeline de liderança da empresa.
- Desenvolvem equipes e processos de criação de negócios dentro da organização em vez de deixá-los de lado ou deixá-los trabalhando isolados no Vale do Silício.
- Avaliam o processo do Novo ao Grande segundo a mentalidade do crescimento em vez de pelas métricas tradicionais de eficiência. Usam as ferramentas certas para o trabalho.

Da teoria à prática

Na primeira seção deste livro, apresentamos uma filosofia. Falamos do modelo do Novo ao Grande em comparação com o do Grande ao Maior e analisamos as forças de mercado que abriram uma lacuna entre empresas e startups. Também explicamos a importância de fazer a transição do Mercado Total Disponível ao Problema Total Disponível e exploramos as mudanças de mentalidade que os executivos devem promover para se tornar líderes de crescimento. A primeira seção se concentrou no *porquê* ou, mais especificamente, em por que as velhas metodologias não funcionam e por que você precisa seguir em uma nova direção.

Na próxima seção, veremos *como* fazer isso. Começaremos descrevendo as medidas que devem ser tomadas e as táticas que devem ser adotadas para implantar um Sistema Operacional de Crescimento em sua organização.

Está pronto? Então vamos lá!

DESCUBRA UMA GRANDE NECESSIDADE NÃO SATISFEITA DO CLIENTE

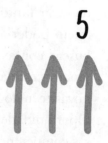

Antes de podermos resolver um problema, é preciso defini-lo. Precisamos saber quem enfrenta esse problema, com qual frequência e até que ponto isso afeta a vida dessas pessoas. Ao conceber um serviço ou produto em nome de um grupo específico de pessoas, a análise de seus comportamentos, padrões de utilização e frustrações diárias nos ajuda a encontrar as melhores soluções. Desse modo, nosso primeiro passo no Sistema Operacional de Crescimento é investigar o problema que queremos resolver e as várias tecnologias ou facilitadores que poderíamos usar para acabar com ele. Esse é o processo de Descoberta.

Fazendo a transição do modo de Planejamento ao modo de Descoberta

As startups sabem que o melhor ponto de partida não é uma resposta, mas uma pergunta: "Quais são as necessidades não atendidas dos clientes e como podemos satisfazê-las de uma maneira radicalmente melhor?". Como insistimos nos capítulos anteriores, precisamos parar de focar tanto nos produtos ou serviços que podemos oferecer e em quem poderia comprá-los e tentar ter uma visão mais ampla para buscar conhecer as necessidades das pessoas. Quando descobrimos uma necessidade que pode ser atendida de maneira diferente, usando novas tecnologias ou soluções viabilizadoras, atingimos uma Área de Oportunidade. Pode causar estranheza a ideia de ajustar o foco de nossas competências essenciais às necessidades não atendidas do cliente, mas essa mudança redireciona nossas empresas ao verdadeiro crescimento e à criatividade produtiva. Se quisermos lançar uma empreitada com uma mínima chance de sucesso, devemos começar com as frustrações e as dificuldades enfrentadas diariamente por grandes grupos de pessoas.

O problema, no entanto, é que a inovação tecnológica e a adoção das tecnologias nunca foram tão rápidas. Levou quase cinco décadas para o telefone fixo atingir 50% dos lares americanos, mas apenas cinco anos para os celulares atingirem a mesma penetração. A eletricidade levou 30 anos para atingir 10% de adoção, mas os tablets atingiram 10% de adoção em apenas cinco anos.[1] Os inventores estão criando dispositivos, sistemas e serviços que os consumidores nem sabiam que precisavam, mas, uma vez lançadas, essas inovações são adotadas de braços abertos (e carteiras também).

Para quem vê de fora, essas inovações criadoras de mercado parecem surgir do nada. Quem poderia ter previsto o modelo de negócio peer-to-peer? Ou a blockchain? Esses conceitos são tão novos e tão diferentes de qualquer outra coisa que não podem ser comparados com nada e podem até assustar um pouco. Não temos como nos prevenir da incógnita do desconhecido, nem prever quantas unidades venderemos simplesmente porque ninguém tentou vender isso antes. Mas, do jeito que as coisas vão, é exatamente para esses mercados desconhecidos que precisamos direcionar nossa energia, atenção e dinheiro.

O conjunto de ferramentas tradicional de um MBA (análise do TAM, projeções financeiras, segmentação de clientes, análise de concorrentes e até estratégias de entrada no mercado) é eficaz em um mundo conhecido, um mundo no qual o futuro próximo não é muito diferente do passado recente. No entanto, em um mundo em que os mercados, modelos de negócio e tecnologias do futuro mudam rapidamente, essas ferramentas são menos eficazes. Nesse mundo, o planejamento estratégico de negócios perde a validade porque o objetivo é desconhecido e você precisa se aventurar, usando uma abordagem de Descoberta.

Como funciona o processo de Descoberta?

Em vez de começar com uma solução (uma oferta que queremos criar e que acreditamos, sem qualquer razão racional, ser capaz de dominar algum mercado), o processo de Descoberta começa com uma pergunta. Mais precisamente, com uma pergunta *sobre um grupo de pessoas*. Essa pergunta é: o que é mais importante para determinado grupo de pessoas focado em algum aspecto específico da vida delas? Quais são os problema que elas estão se empenhando mais para resolver, quais são as necessidades não atendidas delas, como estão tentando satisfazer essas necessidades no momento presente?

Fazer essas perguntas sem presumir que conhecemos as respostas nos possibilita identificar os problemas mais importantes de nosso público-alvo. Por exemplo, quais são as necessidades dos trabalhadores da *gig economy* negligenciadas pelas empresas dedicadas a oferecer produtos financeiros a trabalhadores tradicionais, com carteira assinada? Esse foco na pergunta, por sua vez, nos leva ao que chamamos de "bons territórios de caça", aquelas áreas onde podemos "caçar" ideias de novos negócios que resolverão enormes pontos de dor e onde teremos uma verdadeira chance de criar soluções radicalmente novas para necessidades não atendidas. Continuando em nosso exemplo, uma possível pergunta seria: como poderíamos atender às necessidades de liquidez imediata de freelancers e trabalhadores autônomos sem uma renda previsível como os trabalhadores assalariados?

O processo de Descoberta pode ser simplificado do seguinte modo:

1. Monte uma equipe pequena e específica para a tarefa.
2. Escolha um grupo de clientes potenciais, ouça e observe.
3. Considere novos facilitadores relevantes que possam atender às necessidades dos clientes.
4. Conheça o cenário de negócios atual e emergente, as tendências tecnológicas e o ecossistema empreendedor.
5. Combine todas essas informações para identificar Áreas de Oportunidade.
6. Analise o dimensionamento, o *timing* e a adequação de cada Área de Oportunidade para reduzir a lista e priorizar as Áreas de Oportunidade (os territórios de caça) nas quais faz mais sentido lançar novos negócios.

Vejamos abaixo cada uma das etapas em mais detalhes.

1. Monte uma equipe pequena e específica para a tarefa

O trabalho de Descoberta deve ser conduzido por uma pessoa capaz de ver além do que a empresa já está fazendo e vislumbrar o que ela *poderia estar fazendo*. Pode ser um contestador, aquela pessoa que vive se colocando no papel do advogado do diabo, ou alguém com muita imaginação e coragem para explorar ideias fora do quadrado. O Líder de Descoberta também precisa ter conquistado boa credibilidade na empresa e ocupar uma posição que lhe permita levar essa visão divergente ao CEO. Normalmente, esse papel é desempenhado por um executivo obcecado com o futuro da empresa.

O Líder de Descoberta deve escolher três ou quatro pessoas apaixonadas por questionamentos profundos e uma criatividade sem limites. Esse grupo provavelmente incluirá um analista financeiro que possa ajudar no dimensionamento do mercado, talvez uma pessoa de sua equipe de venture capital sempre a par das tendências de startups e dos fluxos de investimento de venture capital. Você pode escolher um especialista em tecnologia do departamento de P&D, um cientista maluco cinco anos à frente da curva tecnológica, bem como um especialista em insights de clientes com experiência em pesquisas etnográficas. Analise o território no qual vocês estarão entrando e o escopo da exploração, faça uma lista de desejos de papéis ou traços de personalidade que poderiam ajudar e vá preenchendo as lacunas.

O processo de Descoberta que descrevemos aqui costuma levar de 10 a 12 semanas. Ao fim desse processo, você poderá ter identificado membros da equipe de Descoberta que se encaixariam bem em outras funções da máquina do Novo ao Grande. Ou eles podem voltar às suas funções anteriores, mas continuar disponíveis como consultores internos ou recursos adicionais para as equipes de startups. De qualquer maneira, nunca é demais enfatizar a contribuição dessas pessoas para o sistema operacional. Seu objetivo é, em grande parte, descobrir e sintetizar Áreas de Oportunidade para a empresa, criando uma base de conhecimentos que orientará a liderança na definição de uma tese de investimento.

2. Escolha um grupo de clientes potenciais, ouça e observe

O trabalho de Descoberta começa com as pessoas, mas não com *todas* as pessoas. Para manter um escopo razoável de trabalho, precisamos decidir quais grupos ou subculturas demográficas ou psicográficas têm grandes necessidades que acreditamos ser capazes de resolver de maneiras radicalmente novas. Os grupos definidos permanecem razoavelmente amplos (pessoas da terceira idade, jovens mães, millennials que moram na casa dos pais, homens solteiros), mas com foco maior em como e onde conduziremos nossa pesquisa inicial de Descoberta.

Nosso interesse é identificar os interesses das pessoas, mas (como insistimos nos capítulos 3 e 4) sem nunca perguntar diretamente a elas. O melhor é observar as pessoas em seu ambiente natural. O que aplicamos não é alguma metodologia exclusiva ou patenteada, nem nada inovador. Grande parte é extraída da etnografia, um método prático de pesquisa de campo muito usado em antropologia e sociologia.

Nossas equipes de Descoberta costumam começar o trabalho com pessoas pertencentes a segmentos que demonstram comportamentos extremos para identificar e entender a variedade de necessidades. (Lembre-se do exemplo dos doces, do Capítulo 3, no qual sugerimos conversar com donos de lojas de doces bem como com pessoas que passaram décadas sem consumir açúcar.) Essas pessoas são de especial interesse porque têm grandes pontos de dor ou estão resolvendo problemas comuns de maneiras inovadoras. Neste último caso, muitas vezes podemos melhorar as soluções improvisadas que eles criaram para atender a uma população mais ampla. O foco nos casos extremos nos ajuda a pensar em novas soluções radicais.[2]

Em seguida, a equipe se volta a pessoas pertencentes ao grupo mais amplo, observando como elas se comportam em casa, no trabalho ou acompanhando-as ao longo do dia. Por exemplo, em vez de perguntar às pessoas quais são suas frustrações no que diz respeito a um ponto de dor, como planejar refeições e/ou abastecer a casa, olhamos suas geladeiras e despensas, perguntamos o que elas fizeram para o jantar todos os dias no decorrer de uma semana, descobrimos se fazem compras em feiras ou sacolões e as observamos fazendo a merenda dos filhos. Queremos conhecer seu dia a dia e entender os valores e as crenças que orientam seu comportamento. Em seguida, nos aprofundamos no subtexto para descobrir o centro de suas necessidades.

Por exemplo, trabalhando com uma empresa do setor de alimentos embalados, nos concentramos nas mães, estudando seus hábitos de fazer compras, cozinhar, lanchar, armazenar alimentos, comer fora, entre outros fatores. Analisamos a utilização de kits de refeições pré--cozidas por esse grupo e descobrimos que, embora as mães gostassem da praticidade, as que tinham marido e filhos adolescentes disseram que os homens precisavam de porções maiores. O que acontecia era que elas acabavam comprando mais comida, cozinhavam porções maiores, ganhavam peso e seu colesterol subia. Com base nessas informações e em vários outros insights, nosso trabalho de observação nos mostrou que essas mulheres priorizavam alimentar a família a ter uma alimentação saudável. Elas jamais diriam isso abertamente, mas pudemos chegar a essa dedução com base na experiência que tivemos acompanhando seu dia a dia em casa.

Ao fazer esse trabalho, é imprescindível entrevistar pessoas pertencentes a um determinado segmento que morem em diversas regiões do país, para obter um espectro completo de perspectivas e variações culturais. Mantenha os grupos pequenos, observe e ouça, depois faça inferências com base nos insights coletados. Procure padrões e concentre-se nas necessidades e nos problemas revelados.

3. Considere facilitadores relevantes

Em seguida, precisamos criar maneiras inovadoras de resolver o problema identificado. O processo de Descoberta se concentra na utilização de facilitadores relevantes (tendências, tecnologias ou modelos de negócio) que podem ser aplicados a uma solução. Como uma instituição financeira global poderia alavancar o crowdfunding de uma maneira radicalmente nova? Como os contratos inteligentes, baseados na tecnologia da blockchain, poderiam ser utilizados em uma cadeia de suprimento distribuída para garantir a transparência e documentar práticas éticas e sustentáveis?

A maioria dos problemas das pessoas são problemas antigos. Como nutrir meu corpo? Como ter a melhor aparência possível? Como me comunicar com amigos e parentes? Novos facilitadores têm uma chance consideravelmente melhor de apresentar uma solução para esses problemas do que as soluções existentes.

Assim, em 2019, nos voltamos a facilitadores como agricultura vertical, inteligência artificial, impressão 3D, blockchain, realidade virtual, drones, acesso universal à internet, pesquisa de microbiomas, edição de genes, entre muitos outros. Todas aquelas coisas que apareciam nos filmes de ficção científica dos anos 1990 e que agora, como por milagre, estão disponíveis ao público em geral. Além disso, consideramos modelos de negócio novos para o mundo ou para a empresa: peer-to-peer, direto ao consumidor, B2B, integração vertical e muito mais.

Queremos que as equipes de Descoberta se concentrem em tecnologias e modelos de negócio que possam ser aplicados para resolver os problemas de nosso público-alvo, mas, por outro lado, não queremos que elas deixem de ser implacavelmente criativas e inovadoras com todas as possibilidades. Por exemplo, se uma marca de moda quiser oferecer uma experiência personalizada ao cliente, a empresa poderia dizer: "A inteligência artificial não teria como nos ajudar com isso. Seria impossível colocar robôs para atender os clientes!". Só que a inteligência artificial inclui tecnologias como reconhecimento de fala, análise de sentimentos e áreas de bate-papo que poderiam ser aplicadas à experiência do cliente tanto no e-commerce quanto nas lojas físicas. Ao analisar os facilitadores, a ideia é nos manter abertos a todas as possibilidades para não deixar passar nada.

Nessa etapa, podemos não nos aprofundar na maneira *como* esses facilitadores podem resolver um problema, mas dedicamos a maior parte de nossa energia à identificação e à análise dos facilitadores. Normalmente, terminamos com três listas:

1. Facilitadores e modelos de negócio que *poderiam ser utilizados* para resolver esse problema específico.
2. Facilitadores e modelos de negócio que nossos concorrentes *já utilizam* para resolver esse problema.
3. Facilitadores e modelos de negócio que parecem incríveis, mas são *completamente inúteis* para resolver esse problema.

Fora do contexto, muitos desses facilitadores podem parecem absolutamente empolgantes, mas um tanto bizarros para as empresas com as quais trabalhamos em parceria. Usar impressoras 3D e drones? Talvez numa história de ficção científica, mas para uma companhia de energia ou uma fabricante de bebidas? Só que, quando fazemos nossa lição de casa, aprendemos que dezenas de startups já estão usando a impressão 3D ou drones para levar soluções ao mercado. Hoje em dia, realidade e fantasia avançam lado a lado. Os facilitadores do grupo 3 (empolgantes, porém inúteis) naturalmente são descartados, mas muitos acabam nos grupos 1 e 2.

Enquanto nossas equipes exploram os facilitadores, tomamos o cuidado de não replicar espaços saturados ou que já dominam um mercado. Nós jamais diríamos "Ei, vamos dar uma olhada em aplicativos de celular para resolver as necessidades de transporte das pessoas!" porque, a esta altura, isso já está sendo feito por muitas empresas e de muitas maneiras. Assim, se nosso objetivo for criar uma solução de transporte, faz mais sentido analisar o que só *agora* está começando a surgir.

4. Conheça os ecossistemas

Nem os pontos de dor, nem os facilitadores existem no vácuo. Assim que nossas equipes internas identificam esses dois fatores, nossa próxima tarefa é analisar tudo o que está influenciando o mercado-alvo, como novos players atuando em uma área específica, tendências emergentes e parcerias inusitadas. Em seguida, nos distanciamos do trabalho que já fizemos até agora para poder ter uma visão geral e analisar todas as atividades relevantes que conseguimos encontrar. Essa perspectiva mais ampla nos ajuda a criar uma hipótese sobre a maneira como o setor está mudando e compilar uma visão macro do cenário do mercado.

Ao analisar em conjunto os players e os eventos e considerar como eles interagiram nos últimos meses e anos, começamos a perceber trajetórias e padrões. Vemos o que foi feito, o que foi negligenciado e o que foi um grande fracasso. Por exemplo, vimos repetidamente que, embora as empresas apregoem a impressão 3D como o futuro da personalização, a tecnologia não oferece uma personalização em massa e em escala. (No entanto, a impressão 3D tem ajudado enormemente a acelerar o desenvolvimento de produtos e aumentar a flexibilidade de sistemas de manufatura.[3]) Também analisamos as tendências relevantes de setores adjacentes. Vemos ideias que deveriam ter tido sucesso, mas fracassaram... e, se tivermos sorte, vemos o porquê.

É indispensável entender o ecossistema tanto para termos uma ideia melhor de todas as forças em ação como para compreender o *timing*. (Lembre-se de que precisamos estar certos e no momento certo.) Esse distanciamento nos permite prever quando facilitadores revolucionários e grandes mudanças de comportamento colidirão e garante que estaremos lá quando essa colisão ocorrer.

Para dar um exemplo disso, vamos fazer uma rápida viagem a Hollywood. Produtores e estúdios de cinema passaram anos insistindo que filmes voltados a afro-americanos com elencos predominantemente negros não seriam lucrativos.[4] É bem provável que você tenha visto ou já tenha ouvido falar do filme *Pantera Negra*, da Marvel, lançado em 2018 com um elenco predominantemente negro, que se tornou a produção mais lucrativa do universo cinematográfico da Marvel e teve a quinta maior bilheteria de fim de semana de estreia de todos os tempos.[5]

Ninguém pode negar que o sucesso de *Pantera Negra* se deve, em parte, ao *timing*. Na última década, surgiram novas plataformas globais que foram utilizadas para promover a inclusão, a diversidade e uma ampla variedade de questões de justiça social, e, em consequência, a representação de grupos minoritários teve um crescimento explosivo na cultura popular, apesar de ainda haver muito trabalho a ser feito.

E, fora as mídias sociais, lutas e injustiças raciais têm sido amplamente retratadas em séries de TV, filmes, músicas e no noticiário. Violência policial, o ressurgimento de grupos supremacistas brancos, o encarceramento em massa e centenas de outras agressões, tanto macro quanto micro, não estão mais escondidos nas sombras. Grupos ativistas, como o Black Lives Matter, ganharam manchetes e ajudaram a incluir com firmeza as questões de injustiça racial nas pautas. Desse modo, em 2018, o clima social e político nos Estados Unidos estava muito mais receptivo e engajado com esses temas do que era 20 ou até cinco anos atrás. Discussões sobre essas questões passaram a ser frequentes e muitas vezes enérgicas.

Assim, quando *Pantera Negra* foi lançado durante o Mês da História Negra nos Estados Unidos em 2018, espectadores de diversas raças e origens étnicas já estavam prontos. Os criadores do filme escolheram meticulosamente artistas e colaboradores que estimulariam o diálogo sobre o filme e alguns temas de justiça social retratados, incluindo o prolífico rapper Kendrick Lamar, um defensor vocal da igualdade racial, que produziu a trilha sonora do filme, e a renomada designer de produção e afro-futurista Hannah Beachler (você deve se lembrar dela do videoclipe de *Lemonade*, da Beyoncé).

É claro que *Pantera Negra* não foi o primeiro filme de super-herói com heróis negros (*Homem Meteoro, Blankman, Blade, X-Men* e *Capitão América* são apenas alguns exemplos), mas, nas palavras do crítico cultural Carvell Wallace, nesses filmes de super-heróis anteriores, "a negritude do ator parecia de certa forma secundária. O 'Pantera Negra', por outro lado, é impregnado, de maneira bastante específica e deliberada, de sua negritude".[6]

Vinte anos atrás, essa "impregnação" deliberada poderia ter sido vista por parte do público, ou até por produtores cinematográficos, como uma decisão irresponsável do ponto de vista financeiro, mas, nos Estados Unidos de 2018, a escolha teve um impacto ao mesmo tempo financeiro e ético.

O *timing*, porém, não é *tudo* (lembre-se de que você precisa estar certo *e* no momento certo), mas o desempenho espetacular de *Pantera Negra* ilustra que o *timing* tem o poder de transformar uma ótima ideia em um sucesso estrondoso.

A exploração do ecossistema se mostrou absolutamente indispensável para as empresas com as quais a Bionic trabalhou em parceria. Ao explorar o cenário do mercado com um parceiro produtor de alimentos embalados, tivemos uma imagem bem clara da grande diversidade e variedade dos concorrentes da empresa. Notamos que o Google (uma empresa que atuava com pouca frequência no ramo de alimentos) estava apostando alto em um cenário futuro de proteínas sintéticas e à base de plantas. Tirando o Blue Bottle Coffee, o Google tinha evitado investir em alimentos e bebidas no decorrer de seus mais de 23 anos de história. No entanto, em 2015, a Google Ventures começou a investir pesado na Soylent e na Impossible Foods, entre outras empresas pioneiras na produção de proteínas.[7] Quando começamos a explorar o ecossistema com nosso parceiro, focamos principalmente nos rivais mais claros, ou seja, as empresas da Fortune 500 que atuavam no setor de alimentos embalados. Contudo, nossa pesquisa nos forçou a ampliar o escopo.

Munidos desses dados, percebemos que nosso parceiro não precisava se preocupar tanto com o que os concorrentes diretos estavam fazendo, mas tinha de começar a monitorar as atividades das Cinco Grandes empresas de tecnologia. Nossas explorações do ecossistema provaram que o cenário competitivo tradicional tinha mudado drasticamente em apenas alguns anos.

5. Trace a Matriz de Descoberta

Quando discutimos as Áreas de Oportunidade no Capítulo 3, falamos brevemente sobre a ideia de posicionar a empresa na intersecção entre as necessidades dos consumidores e as soluções facilitadoras. É nessa etapa do processo de Descoberta que pegamos nosso quadro-branco e traçamos uma matriz representando essas intersecções.

O exercício da matriz foi desenvolvido para nos ajudar a obter uma imagem ainda mais clara do ecossistema e revelar as Áreas de Oportunidade inexploradas. Veja como fazer:

- Todas as potenciais tecnologias facilitadoras são plotadas no eixo x.
- Todos os problemas e necessidades mais importantes para nossa população-alvo são plotados no eixo y.
- Se uma empresa concorrente estiver tentando resolver um problema do eixo y usando um facilitador do eixo x, anote o nome dessa empresa na intersecção.
- Se *nenhuma* empresa estiver tentando resolver um problema do eixo y usando um facilitador do eixo x, o espaço em branco na intersecção representa uma Área de Oportunidade promissora e madura.

Tão simples, porém tão eficaz. Antes de traçar essa matriz, você fez sua lição de casa e analisou os erros dos concorrentes, sabe quanto dinheiro todos estão recebendo dos investidores e tem uma ideia da receita dos concorrentes. E, ao organizar essas informações na Matriz de Descoberta, você pode começar a ver onde a atividade está concentrada. Pode ver onde os players consolidados estão atuando, para onde os concorrentes estão se direcionando e onde outros venture capitalists estão investindo. E, talvez o mais importante, você pode visualizar o espaço em branco onde ainda ninguém pensou em investir.

EXEMPLO DE MATRIZ DE DESCOBERTA

PARCEIRA: GRANDE COMPANHIA AÉREA
SEGMENTO: VIAJANTES A TRABALHO

	FACILITADORES		
PROBLEMAS E NECESSIDADES	**BLOCKCHAIN**	**REALIDADE VIRTUAL/ REALIDADE AUMENTADA**	**INTELIGÊNCIA**
Realizar encontros presenciais com chefes e/ou funcionários			
Encontrar colegas para conduzir negócios		Meta * (financiamento de US$ 50 milhões/avaliação de US$ 300 milhões)	
Fechar acordos de vendas			
Sondar concorrentes			
Visitar uma empresa parceira			

PROBLEMAS E NECESSIDADES: descobertos quando se perguntou aos viajantes a negócios por que eles usam os serviços de uma companhia aérea – quais problemas estão tentando resolver? Quais necessidades estão tentando satisfazer?

FACILITADORES: quais são as novas ferramentas que podemos usar para satisfazer essas necessidades ou resolver esses problemas?

* META: startup focada em headsets de realidade aumentada para possibilitar "teleconferências" para a próxima geração

Esses espaços em branco continuam vagos porque não existe uma oportunidade concreta na intersecção ou porque a oportunidade ainda não foi vista por ninguém. Neste último caso, nossa equipe identificou uma valiosa Área de Oportunidade e definiu nossos "bons territórios de caça". Decidimos onde focar nossa energia e nossos recursos, mapeando soluções inovadoras para problemas concretos que ainda não tinham sido testadas por nenhum outro concorrente. Por outro lado, os espaços com muita atividade podem ser considerados territórios proibidos para startups com recursos limitados e nenhuma infraestrutura, mas as grandes organizações ainda podem considerar uma aposta se acharem que podem usar sua escala e seu porte para vencer. Elas só precisariam de uma abordagem diferente.

Ver a matriz completa e ponderar sobre esses espaços vazios é uma experiência incrível. Toda a pesquisa etnográfica, as sessões de brainstorming, as investigações de tecnologias emergentes, a sondagem dos concorrentes, o sangue, o suor e as lágrimas do processo de Descoberta são resumidos nessa matriz simples que pode ser usada para traçar um mapa para o futuro da empresa. Podemos ver onde as empresas estão atuando, onde parece que estão começando a atuar, os espaços que fervilharão de atividade e onde nada deve acontecer em cinco anos.

E a matriz faz mais do que nos informar onde e quando devemos entrar. Se um problema da matriz não contar com novos facilitadores, temos uma ideia de onde alocar as verbas de P&D da nossa empresa. Se um problema já estiver sendo resolvido por alguma outra empresa, podemos pensar em adquirir essa empresa. Em vez de limitar-se a orientar o desenvolvimento de novos empreendimentos, a matriz é a semente de uma árvore de decisões que ajuda a direcionar toda a tese de crescimento de uma empresa. Esse formato foi concebido para estimular a criação de empreendimentos orgânicos (startups internas), mas também nos permite identificar oportunidades de negócios inorgânicas (possíveis parcerias e aquisições) e recursos diretos de P&D. A matriz nos ajuda a decidir como atacar um problema em várias frentes com base em informações concretas. E tudo isso com uma simples tabela rabiscada em um quadro-branco! Essas são apenas algumas das decisões estratégicas e de investimento que o Conselho de

5 | Descubra uma grande necessidade não satisfeita do cliente   99

Crescimento tomará para orientar todo o portfólio de crescimento da empresa (falaremos sobre esse tema em mais detalhes no Capítulo 7).

6. Analise o dimensionamento, o *timing* e a adequação de cada Área de Oportunidade

Para reduzir a lista e criar alguns limites para definir seus territórios de caça, a última etapa de nosso processo de Descoberta consiste em analisar o dimensionamento, o *timing* e a adequação de cada Área de Oportunidade potencial. Em sua essência, o processo de Descoberta implica definir o escopo do território que será explorado pela próxima equipe, e as etapas finais nos ajudam a garantir que nosso escopo seja razoável e viável. Neste ponto do processo, fazemos uma pausa para analisar as várias Áreas de Oportunidade que passaram pela triagem inicial e decidimos quais delas valem mais a pena.

A capacidade de tomar essas decisões é ao mesmo tempo uma arte e uma ciência.

Começamos com o dimensionamento porque a ideia é tirar da lista quaisquer Áreas de Oportunidade que não tenham potencial para fazer uma enorme diferença e render lucros continuados. Ao explorar um produto ou oferta inovadora, Benedict Evans, da Andreessen Horowitz, sugere refletir sobre duas perguntas: "Comece ignorando o agora e veja até que ponto a oferta pode se tornar melhor e mais barata. Em seguida, pense nos grupos de pessoas que a comprariam agora e quais outros grupos a comprariam quando ela ficar melhor e mais barata e como ela poderá ser usada".[8]

A equipe de Descoberta faz isso estudando mercados indiretos ao explorar como produtos semelhantes ou relacionados são percebidos, utilizados e consumidos. Naturalmente, essa tarefa pode ser mais ou menos difícil dependendo da Área de Oportunidade. Digamos que nosso interesse seja explorar carros autônomos. Temos uma montanha de dados sobre os hábitos de compra de carros, e, apesar de os veículos autônomos constituírem uma inovação, eles são parecidos o suficiente com os carros tradicionais para que possamos filtrar os dados existentes e fazer projeções razoáveis. Os drones, por outro lado, têm poucos substitutos diretos. No passado, se você quisesse uma foto aérea, precisava de um helicóptero, mas, nos dias de hoje, um número muito maior de pessoas pode comprar drones equipados com uma câmera do que alugar um helicóptero por algumas horas.

Também é possível analisar mercados adjacentes, se for muito difícil encontrar mercados indiretos. E, sabendo que alguns desses mercados indiretos que identificamos podem se revelar inadequados, exploramos uma variedade deles, coletamos todas as informações possíveis e triangulamos nossas estimativas de dimensionamento. Em seguida, passamos para a análise do *timing*.

Nossa primeira pergunta relativa ao *timing* é sempre esta: existe algum obstáculo que dificultaria consideravelmente nossa exploração dessa Área de Oportunidade agora? O obstáculo mais comum é a regulamentação do governo, tanto em termos de leis que impedem que algo aconteça (como as leis que impediram a Amazon de implantar a entrega com drones) quanto leis que precisariam entrar em vigor para proteger nosso empreendimento proposto (como patentes pendentes ou leis mais rigorosas de proteção a direitos autorais).

Nossa segunda pergunta é: por que agora? Partimos da premissa de que pelo menos uns dez empreendedores como nós, ou mais espertos do que nós, já tentaram algo parecido com o que estamos propondo e fracassaram. Assim, se quisermos mesmo explorar essa oportunidade, precisamos saber como o mundo, o mercado e nossas próprias competências mudaram. As empresas ou os empreendedores que tentaram fazer isso antes eram tão espertos quanto nós, ou mais espertos, tinham todos os recursos necessários e mesmo assim fracassaram. Então, qual fator, tecnologia, facilitador, lei ou apetite do consumidor existe hoje que não existia antes?

Não muito tempo atrás, a Bionic trabalhou em parceria com uma empresa de produtos de higiene bucal que queria alavancar de alguma maneira a "interatividade na internet". (Não, nós também não sabemos o que isso significa no contexto da higiene bucal.) Depois de percorrer a maior parte do processo de Descoberta com a equipe deles, insistimos para que ajustassem seu direcionamento e perguntamos: "O conceito de interatividade é ao mesmo tempo vago e restritivo. Que tal fazer uma escova de dentes super-rápida? As pessoas não adorariam um aparelho que reduzisse o tempo necessário para escovar os dentes de dois minutos para dez segundos?".

Nossa pesquisa sobre o *timing*, contudo, demonstrou que seria impossível produzir um aparelho como esse. Pelo menos não por enquanto. Simplesmente, não tinha sido desenvolvida uma tecnologia que incluísse as funções necessárias, e o mais provável é que só esteja disponível daqui a dez anos. Em vista disso, fomos obrigados a mudar de direção e seguir por outro caminho.

A análise do *timing* requer que nos distanciemos para ter uma visão geral e perguntar: tem sentido fazer isso agora? É o momento certo? Pode soar piegas, mas a ideia é ver se as estrelas já se alinharam ou se isso vai acontecer em futuro próximo. Todos os membros da equipe da Bionic já viram empreitadas sendo lançadas no momento errado e fracassarem espetacularmente, e depois viram alguma outra empresa entrar em cena apenas alguns anos depois com a mesma ideia e ter um sucesso estrondoso. (Você se lembra do exemplo da Chewy.com e da Pets.com do Capítulo 3?)

Por último, analisamos a adequação: esta Área de Oportunidade está alinhada com as competências essenciais da empresa, está alinhada com sua missão e ocupa um espaço atraente?

Cabe esclarecer que não devemos focar exclusivamente em nossos pontos fortes atuais. Precisamos analisar mais do que nossas competências essenciais ao avaliar a adequação. Se realmente quisermos inovar, não podemos restringir nossa análise ao que já sabemos fazer bem e precisamos imaginar o que poderíamos fazer bem em novos espaços, com as mesmas competências. Ou devemos imaginar como o desenvolvimento de *novas* competências essenciais poderia complementar as existentes.

Você já ouviu falar do Airbnb, mas já pensou em aprender a surfar com um morador da Costa Rica?

Antes de o Airbnb ser o que é, dois colegas de quarto sofriam para pagar o aluguel em São Francisco. Quando ficaram sabendo que uma conferência de design seria realizada ali, pensaram que, se colocassem três colchões de ar no chão da sala, poderiam cobrar dos designers um preço módico pela hospedagem com café da manhã. Três hóspedes toparam a oferta, cada um pagou 80 dólares pela estadia e os dois colegas de quarto souberam que tinham uma ideia nas mãos.

Depois da conferência, em agosto de 2008, Joe Gebbia e Brian Chesky entraram em contato com um colega de faculdade, Nathan Blecharczyk, e os três criaram um site.[9] O Air Bed and Breakfast foi lançado como um serviço dedicado a fazer a ponte entre possíveis colegas de quarto, não para alugar quartos.[10] O problema era que a Roommates.com já era um gigante naquele espaço e passou por cima deles como um rolo compressor. Eles retomaram seu modelo original e relançaram o serviço, mas ninguém deu a mínima. Em 2008, lançaram o serviço pela terceira vez no festival SXSW e, apesar de o festival ter atraído mais de 10 mil participantes, eles só conseguiram atrair dois hóspedes (sendo que um deles foi o próprio Chesky).[11]

Mesmo assim, decidiram sair em busca de investidores. Dos 15 investidores apresentados por amigos em comum, sete ignoraram a proposta e oito se recusaram a recebê-los. A essa altura, não só estavam duros como tinham contraído uma dívida enorme.

Quando a Convenção Nacional Democrata foi realizada em Denver, os hotéis lotaram, e Gebbia, Chesky e Blecharczyk encontraram dezenas de proprietários de imóveis que queriam ganhar alguns dólares a mais hospedando os participantes. A visibilidade aumentou, mas o site ainda não estava conseguindo gerar lucro. Para ganhar um dinheiro a mais, os fundadores criaram duas versões de caixas de cereais matinais, para os dois principais candidatos democratas à presidência americana, uma para Barack Obama ("Obama Os") e outra para John McCain ("Cap'n McCains"), e as venderam nas proximidades da convenção por 40 dólares cada.[12] Em poucos dias, levantaram 30 mil dólares em financiamento de *bootstrap**.

O empreendimento finalmente entrou no radar do venture capitalist Paul Graham. Ele convidou os fundadores para entrar na Y Combinator, uma aceleradora que impulsiona jovens startups ao mercado em troca de uma pequena participação na empresa. No entanto, o simples fato de terem conseguido entrar na Y Combinator não significava que as coisas seriam fáceis. Fred Wilson, da Union Square Ventures, bem como muitos outros investidores, rejeitou a ideia e depois se arrependeu amargamente, dizendo: "Para nós era inconcebível vender a ideia de colchões de ar no chão da sala como substitutos para quartos de hotel, e rejeitamos a proposta. Outros investidores viram a mesma equipe incrível que nós vimos, decidiram financiá-los e o resto é história".[13]

E, até certo ponto, é mesmo. A equipe abandonou o longo nome e o mudou para "Airbnb". Os cofundadores se hospedaram pessoalmente em todas as acomodações oferecidas em Nova York e escreveram uma avaliação para cada uma delas. Quando o número de hóspedes em Nova York caiu abaixo da média das outras cidades, os três alugaram uma câmera de 5 mil dólares e fotografaram pessoalmente dezenas de acomodações, resultando em duas a três vezes mais reservas e dobrando a receita em Nova York.[14] Em pouco tempo, receberam um cheque da Sequoia Capital no valor de meio milhão de dólares. Em quatro anos, o Airbnb já tinha sido lançado em 89 países e vendido mais de um milhão de diárias.[15] Depois de sete rodadas de financiamento, investidores como Y Combinator, Sequoia Capital,

---

* *Bootstrapping* é um tipo de financiamento em que a empresa utiliza seus próprios recursos, sem recorrer a investidores externos. [N. E.].

Andreessen Horowitz, Founders Fund, TPG Growth e Keith Rabois investiram mais de 776,4 milhões de dólares e, na primavera de 2014, a avaliação da empresa já atingia a marca dos 10 bilhões de dólares, levando o Airbnb a superar a avaliação de redes hoteleiras como a Wyndham ou a Hyatt.[16]

Só que, como todo mundo sabe, o Airbnb não restringiu seu escopo à locação de acomodações. A empresa, fundada com base em colchões de ar e cafés da manhã caseiros, cresceu e passou a incluir "eventos, experiências e passeios".[17]

Os usuários podem aprender caratê ou surfe, praticar outro idioma, explorar Roma com um morador da cidade ou até se oferecer para programas de voluntariado. Considerando sua idade, a guia "Experiências" do site Airbnb cresceu *13 vezes mais rápido* do que a seção "Acomodações".[18] Os prestadores de experiências começaram a ganhar milhares de dólares por ano, sendo que alguns chegaram a faturar 200 mil dólares por ano.[19]

Embora o Airbnb tenha começado só como um teto para passar a noite, o objetivo da empresa transformou-se em "ser uma loja completa para atender a todas as necessidades dos viajantes".[20] Hoje, todas as decisões que a empresa toma a aproximam desse objetivo. Apesar de os investidores não terem conseguido imaginar um mundo no qual alguém pagaria para dormir em um colchão de ar barato e poucos terem previsto que os negócios essenciais da empresa um dia incluiriam todas as experiências de viagem, o Airbnb está se tornando um sinônimo de "tudo o que você precisa em uma viagem". Em apenas nove anos, com mais de 5 milhões de ofertas em 81 mil cidades e 191 países, coordenando mais de 300 milhões de estadias e com uma receita de mais de 2,5 bilhões de dólares, a visão dos fundadores foi mais do que validada.

A razão pela qual precisamos analisar o dimensionamento, o *timing* e a adequação (e uma das razões pelas quais o processo todo de Descoberta é tão crucial) é que o próximo passo do Sistema Operacional de

Crescimento consiste em dedicar uma equipe para explorar as Áreas de Oportunidade mais promissoras. Se você for alocar uma equipe para passar vários meses exclusivamente dedicada a um projeto, precisará garantir que o empreendimento tenha o potencial de atingir o tamanho certo, de ser explorado em um tempo viável e de se alinhar com sua empresa. Se você não for rigoroso na análise desses três fatores e não reduzir sua lista de Áreas de Oportunidade com base nisso, corre o risco de dar de cara com um destes dois becos sem saída:

- **Seu escopo é amplo demais e a equipe fica atolada**. Você diz: "Explorem os millennials! Ou a China! Ou a inteligência artificial!". E sua equipe fica sem saber por onde começar ou as informações que os experimentos deveriam produzir e acaba atolada no pântano, sem avançar.

- **Seu escopo é estreito demais e a equipe fica paralisada**. Você diz: "O objetivo é lançar um aplicativo de *fantasy game* de futebol para millennials com grandes chances de enriquecer!". Diante dessa tarefa extremamente específica, sua equipe pode começar a apresentar comportamentos prejudiciais, como só revelar as evidências que corroborarem a empreitada (teatro do sucesso!), em vez de dar ouvidos às verdades do mercado. Eles tendem a fazer isso porque, quando você lhes dá um escopo muito estreito, a implicação não é "Quero que vocês explorem várias soluções para esse problema", mas sim "Quero que vocês executem esse projeto".

O principal objetivo do processo de Descoberta é definir a oportunidade e dimensioná-la com a maior precisão possível. A ideia é sondar com cuidado o território de caça para sua equipe se sentir confiante em fazer incursões e não ter medo de voltar com verdades que possam invalidar a oportunidade.

106   Do Novo ao Grande

Para que se dar ao trabalho de percorrer o processo de Descoberta?

Você pode estar pensando: "Essa pesquisa toda me parece só uma questão de bom senso. Por que alguém abriria um negócio sem passar por todas essas etapas meticulosamente calculadas?". Excelente! Por outro lado, você também pode estar pensando: "Vocês devem estar de brincadeira. Esse processo todo vai levar uma eternidade! Não dá para simplesmente passar correndo pela pesquisa e ir logo ao lançamento?". A verdade é que a Descoberta leva tempo e cobra recursos e análises meticulosas e completas.

Se você só fizer as pesquisas tradicionais e seguir em frente de qualquer jeito, pode até dar sorte de encontrar uma solução robusta para um problema persistente. Só que, se alguma coisa der errado pelo caminho, você pode não ter as informações necessárias para corrigir o rumo. E, se essa solução for lançada no mercado e tiver um sucesso inicial, você pode nem saber por quê.

Por outro lado, ao investir em conhecer seu mercado potencial, pesquisando novos facilitadores e forçando-se a ver o ecossistema como um todo, você poderá fazer suas novas apostas com base em informações e conhecimento. Você não só sabe o que fazer, como também sabe que a solução nunca foi tentada antes e que terá um enorme impacto em uma base de clientes específica. Você pode estar mergulhando de cabeça no lado mais fundo da piscina, mas tem tanque de oxigênio e roupas de mergulho à mão, se for preciso.

Agora que identificamos nossas Áreas de Oportunidade, é hora de validar nossas descobertas.

VALIDE COMO UM EMPREENDEDOR

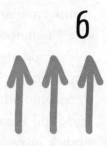

No estágio inicial (o "estágio de semente") da história de qualquer startup, não importa se os fundadores mapearam o novo empreendimento em um quadro-branco ou em um guardanapo de bar. Eles começam com quatro premissas: que existe um *grupo coeso de pessoas*, as quais eles têm como encontrar e que têm um *problema em comum*; que a solução deles *de fato resolve* esse problema; e o modelo de negócio da solução é *viável* para o cliente. Todo empreendedor de sucesso sabe que, enquanto essas quatro premissas não forem comprovadas, é inútil investir no crescimento da empreitada. Eles só estariam tateando no escuro, enquanto suas chances já pequenas de sucesso só diminuiriam.

O problema é que a maioria das histórias de novas empresas de sucesso tende a pular esse estágio de semente e começa com os fundadores decidindo criar uma oferta e fazendo uma grande aposta na solução de um problema que ainda nem foi validado. Segundo essas histórias, os fundadores criam e comercializam a solução mais ou menos ao mesmo tempo. e qualquer aprendizado com o potencial de adiar o cronograma de entrada no mercado é ignorado. Em um cenário como esse, seguir o plano é mais importante do que a verdade.

Este capítulo descreve a parte de nosso Sistema Operacional de Crescimento na qual as Áreas de Oportunidade que descobrimos são transformadas em portfólios de startups aplicando uma metodologia que chamamos de Validação. Por definição, validar é provar a legitimidade de algo. É simples assim. No ecossistema empreendedor que impulsiona o Novo ao Grande, a Validação é a prática de empreendedorismo adaptada para a empresa. É o processo de provar as "verdades do mercado" para uma startup potencial, antes de fazer um grande investimento para lançar e escalar formalmente o negócio.

Estamos aqui para ajudá-lo a voltar um pouco e começar do começo. Queremos desmistificar os métodos, os mecanismos e as ferramentas do empreendedorismo para que você possa aprender com a mesma velocidade e os mesmos custos que as startups. Porque, como se diz, quem aprende mais rápido ganha.

Os princípios da Validação

A Validação é basicamente a metodologia formalizada do empreendedorismo adaptada às empresas estabelecidas. Ao formalizar essa abordagem, utilizamos elementos da abordagem da Startup Enxuta, proposta por Eric Ries, do Design Thinking, da d.school de Stanford, e do Business Model Canvas, de Steve Blank. Desse modo, criamos um processo passível de repetição que nos ajuda a começar a aperfeiçoar as startups já nos primeiros estágios por meio do aprendizado baseado em experimentos. Essa abordagem aumenta a velocidade e reduz os custos da aprendizagem.

Montando uma equipe para a Área de Oportunidade

Vamos começar definindo quem será encarregado do trabalho de Validação. Os funcionários que você alocar a cada Área de Oportunidade são basicamente seus empreendedores internos. Como eles podem atuar em diferentes níveis da empresa e deverão trabalhar como uma equipe coesa, gostamos de nos referir a eles como cofundadores. Pode acontecer de um membro da equipe ser um executivo e outro, um funcionário júnior, mas essas diferenças hierárquicas não devem ser levadas em consideração na equipe da Área de Oportunidade.

Em vez de serem encarregados de um projeto específico, como cofundadores da Área de Oportunidade eles devem resolver um problema do cliente validando (e invalidando) um grande número de ideias. Tal qual os empreendedores do mundo das startups, esses cofundadores não podem se incomodar com a incerteza, devem adorar fazer ajustes e experimentos e, juntos, devem compor uma equipe multifuncional e se dispor a fazer qualquer tarefa, grande ou pequena, para aumentar suas chances de sucesso. (No Capítulo 8, veremos como identificar e selecionar os funcionários mais adequados para atuar como cofundadores.) Ao contrário do mundo das startups, contudo, esses cofundadores serão encarregados de explorar várias soluções de uma Área de Oportunidade, fazendo uma série de experimentos antes de escolher uma única empreitada.

No estágio de semente, as equipes da Área de Oportunidade são pequenas e ágeis, normalmente com três cofundadores dedicados exclusivamente ao projeto:

- **Comercial:** um dos cofundadores deve ser um excelente comunicador, com muita experiência no desenvolvimento de negócios, em vendas e/ou marketing, e deve transitar bem por toda a organização. Por exemplo, gerentes de marca costumam se destacar nessa função. Pense nele como o "CEO da startup".
- **Técnico:** um dos cofundadores deve ser um excelente solucionador (uma espécie de Sherlock Holmes), que adora descobrir como as coisas funcionam. Ele deve ter uma mentalidade analítica e uma robusta experiência com a elaboração de modelos de negócio ou no gerenciamento de produtos. Dependendo da área de atuação de sua empresa, essa pessoa pode ser um desenvolvedor

de software, um cientista de P&D ou até alguém com experiência em concessão de crédito ou gerenciamento de riscos. Ele será seu "fazedor".

- **Insights:** um dos cofundadores deve ser voltado aos clientes e motivado pelo desejo de conhecer a fundo seus comportamentos, motivações e necessidades. Por exemplo, pode ser alguém do marketing, como um analista de insights do consumidor. Esse é o seu "encantador de clientes".

Um Patrocinador Executivo da Área de Oportunidade é encarregado de orientar os cofundadores, instigando-os a ser criativos, garantindo o rigor da Validação e removendo obstáculos. (Falaremos mais sobre o papel do Patrocinador Executivo no Capítulo 7, quando discutiremos o lado do venture capital do Sistema Operacional de Crescimento, representado pelo Conselho de Crescimento.)

Criando uma boa hipótese

Todas as startups começam com um conjunto de hipóteses sobre o cliente, o problema do cliente, a solução proposta para o problema e o modelo de negócio. Para validar (ou invalidar) essa hipótese, precisamos começar identificando as premissas que a fundamentam. Caso contrário, corremos o risco de avançar de qualquer jeito, sem antes confirmar a legitimidade desse importante tripé do "problema, mercado e solução". Uma boa hipótese se fundamenta em premissas simples e objetivas, sendo que cada uma delas transmite uma importante ideia diretamente relacionada à solução e ao modelo de negócio. Vejamos um exemplo:

Digamos que o grupo de clientes que estamos considerando é composto de millennials norte-americanos que têm animais de estimação com problemas de saúde. Uma ideia inicial para uma possível startup é que esse grupo demográfico pode se interessar em um produto como um dispositivo para pets para monitorar a saúde de seus animais de estimação diariamente. Um produto como esse ajudaria a cuidar da saúde dos animais com doenças preexistentes (como diabetes e problemas renais) e dos mais velhos. No decorrer do processo de análise de nossa hipótese, vamos refinando nossas premissas:

- **Ampla demais:** os millennials americanos que têm animais de estimação se preocupam com a saúde de seus pets. *(É fácil provar essa suposição, mas ela não nos fornece informações suficientes para criar uma oferta direcionada.)*
- **Estreita demais:** os millennials americanos que têm animais de estimação pagariam 150 dólares por um dispositivo para monitorar e gerar relatórios sobre a atividade, a frequência cardíaca e o sono de seus pets. *(Espere aí! Um nível de preço, funcionalidades do produto e os dados específicos que serão gerados? Detalhes demais, cedo demais!)*
- **Na medida:** os millennials americanos que têm animais de estimação monitoram ativamente a saúde de seus pets. *(Simples, focada e acionável. "Monitorar ativamente" é um comportamento que podemos observar, ao passo que "cuidar" não é.)*

Com base nesse ponto de partida, podemos criar experimentos para validar se essa população de fato está tentando resolver essa necessidade. Se descobrirmos que não é o caso, podemos sintetizar os resultados do experimento para decidir como pivotar: estamos nos voltando ao cliente errado? Ou essa "necessidade" na verdade não existe? Ou os clientes simplesmente não têm interesse em resolver essa necessidade? Ao começar o trabalho de Validação com uma hipótese contendo premissas bem definidas, os cofundadores se preparam para fazer esse tipo de perguntas produtivas sempre que encontrarem um imprevisto.

6 | Valide como um empreendedor   113

Testando a hipótese

À medida que passamos de calibrar nossa hipótese a testá-la com experimentos, precisamos avançar com cautela. Nesse ponto, é fácil criar falsos positivos, pedindo que os clientes potenciais falem de suas necessidades. Afinal, como já vimos, o que os clientes *dizem* pode ser muito diferente do que eles efetivamente *fazem*.

Parte dessa diferença é explicada pelo fato de que, como as pesquisas com os clientes normalmente não lhes custam nada, o condicionamento social entra em ação e eles tentam ser simpáticos, dando as respostas que queremos ouvir (ou que eles acham que queremos ouvir). Só que a outra parte dessa diferença pode resultar de os clientes não saberem conscientemente que têm esse problema ou de não conseguirem falar das soluções que desejam, mas que ainda não existem. Ao criar experimentos voltados a revelar fatos sobre comportamentos reais, podemos descobrir insights sobre as necessidades que estamos tentando resolver sem depender de clientes plenamente cientes de suas necessidades ou de clientes sem limitações de imaginação.

QUANTO MENOS MELHOR

Quanto às pesquisas, descobrimos que as empresas mais estabelecidas acreditam que, quanto mais respondentes houver, melhor. Já os empreendedores preferem criar experimentos "rápidos e sujos" para serem executados em grupos de mais ou menos dez participantes, com o objetivo de aprender rapidamente e se manter avançando. A pergunta é sempre: "Qual é a coisa mais rápida e barata que podemos fazer para reduzir o risco e aumentar a confiança de que estamos seguindo na direção certa?".

Na Bionic, temos uma biblioteca de experimentos de Validação que empregamos em diferentes estágios ou para testar diferentes tipos de premissas. Veja alguns dos experimentos com clientes que usamos com mais frequência (é claro que os experimentos B2B e os industriais serão diferentes).

ESTÁGIO INICIAL
Entrevista/pesquisa etnográfica do problema do cliente

Você não precisa de um protótipo, nem mesmo de uma hipótese, para fazer esses experimentos. Eles se limitam a ouvir as pessoas, fazer perguntas abertas e observar seu comportamento para descobrir necessidades não atendidas. Descrevemos um exemplo de entrevista etnográfica no capítulo sobre a Descoberta.

Vantagens

A pesquisa etnográfica ajuda a ver além do problema e descobrir a necessidade latente. Também o ajuda a ter empatia pelo cliente, passando um tempo na pele dele.

PROTÓTIPO INICIAL
Folhetos/pop-ups

Esses testes podem ser feitos praticamente sem qualquer tipo de prototipagem física. Basta imprimir alguns folhetos apresentando a ideia, deixá-los em algum lugar público e ver quantas pessoas demonstram interesse pegando um folheto. Você também pode montar uma pop-up store (loja temporária) para engajar as pessoas em discussões sobre uma solução hipotética, usando um protótipo para substituir um produto ou uma solução. Nos dois casos, o objetivo é avaliar a reação das pessoas a algo que à primeira vista parece real, mas não é.

Vantagens

O protótipo inicial é uma ferramenta que criamos para transformar um conceito abstrato em algo concreto. Um protótipo de baixa fidelidade não precisa ser uma representação precisa da solução final. Pelo contrário, o protótipo inicial representa uma maneira de sintetizar e refinar ainda mais o conceito da solução, esclarecer nossa mentalidade, alinhar a equipe e (um fator importantíssimo) obter um feedback específico dos clientes.

PROTÓTIPO DE ESTÁGIO POSTERIOR
Teste da Landing Page

Para fazer esse teste, criamos uma conta no Google e lançamos uma campanha publicitária, usando a ferramenta de busca e exibindo diferentes anúncios para testar o nível de interesse das pessoas. Se, por exemplo, estivéssemos analisando uma Área de Oportunidade relacionada aos cuidados com os pés, poderíamos testar anúncios voltados a diferentes aspectos da saúde dos pés: "Você tem dor nos pés?", ou "Você se incomoda com o cheiro dos seus pés?", ou "Você tem algum problema nos pés que está afetando seu desempenho quando corre?". Os anúncios que despertarem mais interesse nos ajudam a encontrar as soluções mais promissoras.

Teste do Mágico de Oz

Nesse cenário, criamos uma interface semiautomatizada para os clientes no front-end, mas fazemos todo o trabalho manualmente no back-end ("Ignore o homem atrás da cortina!")*. O cliente não vê como a magia é feita, só a interface e os resultados. Com isso, podemos validar a proposição de valor antes de investir na criação da funcionalidade completa para a solução. Por exemplo, você pode achar que uma nova startup está usando um algoritmo sofisticado para recomendar as melhores roupas para seu tipo físico, mas, se for um Teste do Mágico de Oz, na verdade é uma pessoa (provavelmente um cofundador) que está reunindo e exibindo manualmente os "looks" para ver se você gosta da oferta, antes de investir no algoritmo.

Vantagens

Os protótipos de estágio posterior têm como objetivo verificar qual grupo de evidências se destaca. As evidências predominantes dos testes de protótipo inicial são de natureza qualitativa e nos direcionam a experimentos do estágio posterior, voltados a coletar dados mais quantitativos.

---

* Em marketing digital, o *front-end* se refere à interface de navegação de um site, ou seja, tudo aquilo que o usuário vê logo que acessa um site. Já o *back-end* se refere ao que fica "por trás das cortinas", ou seja, tudo o que o usuário não vê, mas que mantém o site funcional. [N. E.]

PRÉ-LANÇAMENTO

Pré-vendas

Quando os produtos estiverem completamente prontos e prestes a ser lançados, uma campanha de pré-venda é uma excelente maneira de medir o interesse real (o que os clientes fazem, não o que dizem) e avaliar a verdadeira intenção de compra. Crie um site totalmente funcional, direcione o tráfego a ele e comece a aceitar encomendas do produto, antes de ele ser fabricado.

Vantagens

Entregar dinheiro (ou, no caso, informações de cartão de crédito) é o melhor indicativo de "fazer" (em oposição a só "dizer")!

Aprendendo com o experimento

O viés é uma parte inevitável da natureza humana. Temos dezenas de vieses cognitivos que reduzem nossa capacidade de tomar boas decisões. Costumamos nos apegar a coisas que já "sabemos" ser verdade, com base em nossas experiências pessoais, nossas memórias deturpadas do passado ou nossas preferências por coisas que reconhecemos, entre outros vieses.

O poder da Validação está na nossa disposição para admitir que nossas suposições são tendenciosas, para criar experimentos a fim de testar essas suposições e, por fim, para aprender com esses experimentos, mesmo se derrubarem nossas premissas. Esse aprendizado são as verdades do mercado que nos apontam a direção para oportunidades de crescimento reais e validadas.

Os três estágios iniciais da Validação

Como explicou um empreendedor interno da Bionic, "a Validação é como fazer pão. A massa cresce e você a sova. Ela cresce de novo e você a sova. E, nesse tempo todo, você está fortalecendo a ideia".

Esse processo de crescer e sovar garante que nossas startups propostas não sejam incríveis só na nossa cabeça, mas também tenham uma chance concreta de sucesso no mundo real. Ao percorrer os estágios da Validação, sintetizamos constantemente nossos resultados e fazemos repetições para ajustar nossas hipóteses. Aceitamos o fracasso produtivo, atualizamos nossas premissas e repetimos o processo.

Esse processo recursivo é realizado em três estágios de semente em que cada um deles enfatiza um aspecto diferente de nossa pergunta tríplice:

1. Quem é o cliente e qual é sua necessidade?
2. Nossa solução realmente atende essa necessidade?
3. O modelo de negócio que vislumbramos para a solução é viável?

Precisamos encontrar as respostas para essas três perguntas antes de podermos seguir em frente para criar e, eventualmente, escalar o negócio. No entanto, *também* precisamos ter em mente que essas três perguntas são inter-relacionadas e não podem ser consideradas isoladamente. Isso significa que, à medida que avançamos, mudanças em uma dimensão exigirão ajustes nas outras duas. Se nosso entendimento do problema do cliente mudar ou se expandir, a solução e o modelo de negócio também devem mudar. Se estivermos explorando a solução e depararmos com um beco sem saída, precisamos estar preparados para voltar e recalibrar nossa definição do problema e ajustar nossa visão do modelo.

Como você deve ter imaginado, a Validação não é um processo ordenado, organizado e linear. O avanço não será sempre claro e progressivo, e às vezes você terá de seguir em zigue-zague ou em espiral. Lembre-se, contudo, de que nada disso significa que você está errado ou ficando para trás. Na realidade, esse processo abre um diálogo contínuo entre os aprendizados no nível da solução e no nível da Área

118   Do Novo ao Grande

de Oportunidade. Podemos eliminar e pivotar muitas soluções e, com isso, ir esclarecendo nossa Área de Oportunidade. A Validação não só o impede de lançar soluções não testadas como também o alerta, caso você esteja se direcionando à Área de Oportunidade errada. (É por isso que os diretores financeiros adoram a Validação: esse processo poupa muito dinheiro à empresa.)

Feita essa ressalva sobre os zigue-zagues e as espirais, decidimos apresentar os estágios de semente em uma progressão linear só para fins de esclarecimento. Antes de começar a criar, você precisa saber o que criar. E, para saber o que criar, você precisa de evidências para validar quem é seu cliente, qual é a necessidade que ele precisa satisfazer, qual é a solução proposta e qual é a melhor maneira de levar essa solução ao mercado.

Estágio de Semente 1: procure a causa básica do problema do cliente

O primeiro estágio de semente envolve obter informações mais profundas sobre os clientes e as causas de seus problemas. O mantra da experimentação do Estágio de Semente 1 é: "O que os resultados de nossos experimentos nos dizem sobre os problemas que o cliente quer resolver nesta Área de Oportunidade?". No decorrer de todo o Estágio de Semente 1, a equipe avalia se está considerando as ideias certas e procura o insight que a levará a uma oportunidade maior.

Como seria a solução na prática?

Alguns anos atrás, trabalhamos com uma empresa parceira interessada na saúde e no bem-estar dos pés e, durante o processo de Descoberta, percebemos que o problema era surpreendentemente amplo e incluía diversas populações. Como nosso corpo interage com o mundo dos pés à cabeça, qualquer alteração nos nossos pés tem o potencial de mudar tudo. Os pés, como os dentes, indicam a saúde do corpo como um todo, e pés doloridos, rachados ou feridos afetam tudo, desde nosso humor até nossa mobilidade.

A saúde dos pés também é um problema que afeta diferentes grupos de clientes de maneiras diferentes. Um maratonista pode se preocupar com calos ou esporões; uma pessoa idosa pode sentir dor devido à pele rachada dos pés; uma mulher na casa dos 30 anos pode não estar mais conseguindo usar salto alto. Nossos pés podem se desgastar, se lesionar, se quebrar ou se ferir, mas as causas dos problemas nos pés são diversas.

Assim, quando começamos o Estágio de Semente 1, focamos na identificação dos problemas considerados graves o suficiente para levar os clientes a procurar e se dispor a pagar por uma solução consideravelmente melhor. Apesar de termos investigado atletas profissionais e amadores como clientes potenciais, nossas entrevistas sobre os problemas e nossas pesquisas etnográficas revelaram que uma grande parcela de idosos considerava o problema muito grave *e* estava aberta a adotar novas soluções. Essa constatação nos levou a nos concentrar nesse público-alvo.

FUNIL DE VALIDAÇÃO, ESTÁGIO DE SEMENTE 1

Estágio de Semente 1 | Estágio de Semente 2 | Estágio de Semente 3

Nosso parceiro era especializado em engenharia química e teria dificuldade de resolver a maioria dos problemas relacionados a ossos ou articulações. Faria sentido considerar a invenção de cremes ou loções, mas queríamos soluções significativamente melhores e radicalmente diferentes das encontradas nas prateleiras de produtos para cuidados com os pés nas farmácias. Em vista disso, tivemos a ideia de firmar uma parceria com uma startup especializada na impressão 3D de palmilhas ortopédicas, e a empresa com que estávamos trabalhando entraria injetando as palmilhas com diversos tratamentos, como fórmulas antitranspirantes, medicamentos contra rachaduras ou cremes hidratantes. Nosso trabalho para conhecer melhor o cliente e seus problemas nos impulsionou para o Estágio de Semente 2: a Validação da solução.

O objetivo da experimentação do Estágio de Semente 1 é validar:

- **Se de fato existe um problema real:** em outras palavras, temos evidências de que os clientes têm uma necessidade real ou é só um palpite?
- **Se há um grupo coeso que considera o problema grave:** para lançar um empreendimento viável, precisaremos atrair clientes continuamente. Para fazer isso, precisamos ser capazes de identificar *quem* sente esse problema com *intensidade suficiente* para procurar uma solução.
- **O tamanho do Problema Total Disponível para esse grupo coeso:** apesar de já termos analisado o Problema Total Disponível quando começamos a explorar a Área de Oportunidade no processo de Descoberta, à medida que detalhamos o problema e aprendemos mais sobre os clientes que têm esse problema, aprofundamos nosso conhecimento sobre o tamanho da oportunidade e podemos saber se ela é grande o suficiente para prosseguirmos.

Estágio de Semente 2: ponha a solução à prova

O objetivo do Estágio de Semente 2 é garantir nossa capacidade de oferecer soluções exponencialmente melhores do que as que nossos clientes estão usando no momento (nós as chamamos de "soluções 10x", mesmo sabendo que uma solução dez vezes melhor geralmente é uma meta ambiciosa demais). Um segundo objetivo desse estágio também costuma ser atrair nossos primeiros clientes, que constituem nosso potencial mercado *beachhead***. Trata-se daqueles clientes que queremos conquistar primeiro, antes de levar nossas ofertas ao mercado em geral. Só que agora, em vez de buscar entender a causa do problema deles (como fizemos no Estágio de Semente 1), nos voltamos a criar experimentos para revelar insights sobre as soluções que propomos.

Os experimentos nesse estágio requerem protótipos de fidelidade um pouco superiores à nossa última rodada, normalmente um Alfa funcional. (Quando damos o salto de meras imagens a um código de programação ou de meros esboços a um protótipo 3D, criamos o que é chamado de Alfa: algo que funciona, mas com funcionalidade limitada. No caso de empresas B2B ou industriais, um Alfa pode assumir a forma de uma Carta de Intenções ou outra manifestação impressa de interesse.)

Veja um exemplo de experimento de Estágio de Semente 2 que fizemos com um parceiro do setor bancário alguns anos atrás.

Nosso parceiro queria encontrar maneiras de se direcionar a trabalhadores freelancer, cujas necessidades não estavam sendo atendidas por serviços e produtos bancários tradicionais. Os grandes bancos nem sempre emitem cartões de crédito ou fazem empréstimos para pessoas que não têm como comprovar renda; também não disponibilizam suas principais ofertas a trabalhadores que precisam fazer malabarismos com várias fontes de renda e têm renda variável. Todo mundo sabe que a *gig economy* está em plena expansão, mas o setor bancário não tem feito muito para acomodar essa mudança.

** *Beachhead*, que pode ser traduzido como "cabeça de ponte", é um termo militar referente a uma fortificação temporária estabelecida em terreno inimigo e usada como ponto de partida para o avanço das tropas. [N. T.]

Uma equipe da Área de Oportunidade lançou a hipótese de que "os freelancers querem produtos, suporte e ferramentas bancárias específicas para eles, mas os bancos não oferecem esses recursos". Então submeteram a hipótese ao Estágio de Semente 1 e confirmaram que o problema era real. No Estágio de Semente 2, focamos no subproblema da renda variável, bem como fluxo de caixa e solvência, dificuldades que levam os freelancers a perder o sono à noite. Nossa solução proposta oferecia a esse público produtos financeiros personalizados e de curto prazo, com base nos períodos esperados de vacas magras.

Além de oferecer paz de espírito nos períodos de pouco trabalho, a solução também foi pensada para fornecer um suporte verdadeiramente acessível a esse público. Simplificamos o processo de solicitação, incorporamos um sistema de pré-aprovações e fizemos com que esses produtos financeiros fossem relativamente simples e fáceis de obter.

E como fizemos tudo isso em termos de experimentação e testes? Bem, os experimentos do Estágio de Semente 2 podem assumir várias formas, mas, nesse caso, trabalhamos com uma dúzia de clientes e os observamos interagindo com vários protótipos de baixa fidelidade. Criamos o esboço de um possível aplicativo e imprimimos os vários componentes em pedaços de papel. (Nós avisamos que os protótipos eram de baixa fidelidade!) Apresentamos as diferentes "telas" e percorremos com eles diversos caminhos pelo aplicativo: "Se você clicar neste menu, verá estas opções. E agora, em qual delas você clica?". Fazíamos anotações e perguntas para entender as decisões deles.

Antes de começarmos a codificar e criar um aplicativo ou site de verdade, queríamos entender o que um freelancer efetivamente procuraria e usaria. Se incluíssemos cinco recursos no protótipo e todos os 12 clientes potenciais ignorassem por completo o recurso de número três, sabíamos que não deveríamos incluí-lo no aplicativo.

Também pedimos um feedback qualitativo: "Como o aplicativo corresponde às suas expectativas? Você disse que tinha muito interesse em um aplicativo que o ajudasse a se proteger dos períodos de baixa renda. O que você diria que acertamos e o que você diria que erramos nesse aplicativo?".

Depois de coletarmos uma rodada de feedbacks sobre nosso aplicativo impresso, criamos um protótipo clicável, mas não completamente ativo. Cerca de metade dos botões não funcionava e o aplicativo utilizava dados estáticos, mas proporcionava uma experiência mais autêntica. Foi só depois disso que criamos o protótipo de um aplicativo capaz de receber e processar algumas informações de nossos clientes potenciais, mas que ainda não era totalmente funcional. Nosso objetivo com esses protótipos iterativos era perguntar continuamente a nossos clientes do mercado *beachhead*: "Esta solução está atendendo às suas expectativas? O aplicativo faz o que você esperava que ele fizesse para resolver seu problema?".

FUNIL DE VALIDAÇÃO, ESTÁGIO DE SEMENTE 2

Estágio de Semente 1   Estágio de Semente 2   Estágio de Semente 3

O objetivo da experimentação do Estágio de Semente 2 é validar:

- **Se nossos clientes iniciais adoraram a solução oferecida:** em outras palavras, os participantes demonstram apetite pela oferta?
- **Quais recursos os empolgaram mais:** quando conhecemos os detalhes de uma solução da qual nossos clientes mais pre-

124   Do Novo ao Grande

cisam, podemos nos concentrar neles, o que nos posiciona para oferecer um valor consideravelmente maior do que as soluções disponíveis no mercado.

- **Como mediremos a eficácia de nossa solução:** precisamos ter uma boa noção das métricas relevantes e de maneiras fáceis de coletar dados para elas.

TRÊS LENTES PARA ANALISAR AS SOLUÇÕES

Para escrever *The Startup Playbook*, fiz duas perguntas aos empreendedores veteranos que entrevistei: 1) Como escolheram suas ideias?; 2) O que fizeram nos cinco primeiros anos para manter a empresa avançando e garantir sua sobrevivência? Resumi as lições que os fundadores aprenderam em Cinco Lentes que eles usaram para analisar e criar soluções para os problemas dos clientes. É crucial ter em mente as três primeiras lentes no decorrer do Estágio de Semente 2 do processo de Validação.

1. TALENTOS ÚNICOS

Qualquer empresa que tenha alcançado um sucesso extraordinário tem algo que a diferencia dos concorrentes. Esse "algo" pode ser bastante variado e incluir conhecimentos técnicos, uma ampla experiência no setor, um recurso ou uma vantagem operacional que nenhuma outra empresa tem. Trata-se de um talento único que não pode ser replicado. Esse talento cria uma vantagem injusta. A empresa que o possui se vê especialmente equipada para satisfazer determinadas necessidades dos consumidores com eficácia, eficiência e de maneiras profundamente novas. Se você conseguir identificar e alavancar os talentos únicos de sua empresa, terá o poder de mudar o mundo. Ao alavancar com ousadia sua vantagem injusta, você cria seu próprio atalho para a prosperidade.

Os talentos únicos **na prática.** Em 1994, a Amazon foi lançada como uma livraria on-line, mas a visão do fundador Jeff Bezos para o futuro da empresa era bem mais ambiciosa. Sob seu comando, a Amazon passou a década seguinte consolidando e ajustando sua cadeia de suprimento e seu modelo de distribuição, primeiro para livros e depois para incluir CDs, programas de computador, videogames, produtos eletrônicos, roupas, móveis, alimentos, brinquedos, joias e muito mais. Ao mesmo tempo que avançava para incluir um número cada vez maior de categorias, a Amazon também trabalhou no principal ponto de atrito do cliente no comércio eletrônico: esperar para receber o pedido. Bezos teve a visão para prever que uma empresa que tivesse um sistema de entrega verdadeiramente eficaz e robusto teria o potencial de transformar o mercado. Em vez de focar apenas na lucratividade, a Amazon apostou pesado em seu talento único e investiu na construção de sistemas de entrega, centros de distribuição e outras infraestruturas de entrega sem igual. A empresa estabeleceu o padrão do frete grátis de dois dias com seu serviço Prime e, não satisfeita, reduziu ainda mais esse tempo, oferecendo a entrega no mesmo dia e, em determinadas regiões, até em uma hora. Esse talento único criou um fosso protegendo os negócios de e-commerce existentes da Amazon e lhe possibilitando expandir sua vantagem competitiva com a criação de novos negócios, como o AmazonFresh, além de incursões no ramo de supermercados com a aquisição da Whole Foods.[1]

2. ANALGÉSICOS, NÃO VITAMINAS

As boas soluções resolvem um problema grande, doloroso e persistente, ou seja, um comportamento repetido ou uma necessidade constante que os clientes enfrentam continuamente. E a solução não pode ser uma vitamina, algo bom de ter, que você pode até comprar uma vez, mas que, no dia a dia, muitas vezes acaba esquecido no fundo do armário. Deve ser um analgésico, algo que você não deixa de ter em casa e mantém sempre à mão porque resolve sua necessidade imediata com eficácia e confiança.

Quando as soluções que criamos são analgésicos para as dores de nossos clientes, podemos construir empresas inteiras em torno dessas soluções. E, se dermos um jeito de sermos totalmente insubstituíveis, mesmo se esses clientes pensarem em nos deixar, eles não nos deixarão. Mesmo se virem novas soluções interessantes surgindo, eles não nos darão as costas.

Por outro lado, se o problema do cliente não for algum tipo de dor crônica que precisa de alívio, teremos dificuldade de criar uma boa solução.

Analgésicos, não vitaminas na prática. Em 2015, a Fitbit registrou 4,5 milhões de dispositivos vendidos e uma receita 235% superior em comparação com 2014.[2] No entanto, embora a empresa não tenha hesitado em divulgar os números de vendas de dispositivos, ela não revelou que o número de usuários diários ativos da pulseira estava em queda. (Um bom exemplo do "teatro do sucesso"! Focar nas métricas impressionantes, e não nas mais significativas.) Enquanto muitas pessoas não viam a hora de comprar um dispositivo vestível para monitorar suas estatísticas de saúde, cerca de um terço das pessoas que compravam o dispositivo o deixavam de lado em seis meses. Além disso, nenhum estudo confirmou sem sombra de dúvida que o Fitbit é um fator-chave na perda de peso e no gerenciamento da saúde.[3] Assim, apesar de o Fitbit liderar as vendas de dispositivos vestíveis, sua eficácia estava mais para uma vitamina do que para um analgésico. Era bom ter, mas ninguém morreria se, um dia, se esquecesse de usá-lo.

Por outro lado, a Nike identificou um ponto de dor recorrente que irritava profundamente seus clientes e criou um novo modelo de negócio em torno dele. Se você tiver um filho pequeno, deve saber que as crianças podem usar um par de calçados novinho em folha por uns quatro dias antes de crescerem e os sapatos não servirem mais. Pais e mães do mundo todo vivem comprando calçados para os filhos em fase de crescimento (uma tarefa que muitos odeiam), e a sensação é de que estão jogando dinheiro fora. Entra em cena a EasyKicks, o serviço de assinatura da Nike que dá aos clientes mirins acesso a sapatos novos, quando quiserem, por 20 dólares mensais. O programa é uma maneira logisticamente nova de se engajar com os clientes, ao mesmo tempo criando um fluxo de receita recorrente para a Nike e transformando uma experiência dolorosa em uma experiência positiva para pais e filhos.[4] As pessoas nunca deixarão de ter filhos, as crianças nunca deixarão de crescer e os pais nunca deixarão de se ressentir do ciclo interminável de compras. Tudo isso faz da EasyKicks um analgésico inovador e eficaz.

3. IMPACTO 10x MAIOR

Se nossa empresa tiver os recursos, os talentos e o desejo de se expandir para novos mercados, pode ser muito difícil restringir o campo das ideias possíveis. Precisamos ser implacáveis ao avaliar essas ideias e decidir quais delas abandonar. Ideias que só produzem melhorias incrementais devem ser consideradas uma perda de tempo. Estamos em busca de ideias revolucionárias, poderosas e dinâmicas que tenham um impacto muito maior do que as anteriores, ideias capazes de criar uma enorme vantagem competitiva. Não queremos alcançar os concorrentes, nem nos adequar aos padrões típicos de sucesso. Queremos gerar e cultivar ideias que tenham o potencial de resolver problemas grandes, dolorosos e ainda sem solução, ao mesmo tempo que geram dezenas de milhões de dólares em receita (com o potencial de crescer ao nível dos bilhões).

Impacto 10x maior **na prática.** Quando Sara Blakely lançou o Spanx em 2000, os "espartilhos" tinham entrado em extinção, e os "modeladores" ainda não existiam. No entanto, ela sabia que havia uma lacuna no mercado. Na ausência de uma solução melhor, as mulheres estavam cortando as pernas de meias-calças acinturadas e usando-as para afinar a cintura. Esse novo comportamento do cliente indicava que uma solução melhor venderia bem. Em vista disso, ela criou o design de uma roupa de baixo resistente, feita de lycra, que disfarçava gordurinhas, celulites e marcas de calcinha que incomodam mulheres de todas as idades e tamanhos. Até as primeiras versões do Spanx eram de longe muito melhores do que as meias-calças cortadas, porque o novo produto tinha um efeito modelador muito melhor, resolvia mais problemas e podia ser lavado e usado repetidas vezes. Quando as mulheres ficaram sabendo do novo produto, o Spanx começou a vender a rodo nas lojas de departamento. E, apesar de muitas imitações terem sido lançadas, nenhuma delas conseguiu ofuscar a marca Spanx. Blakely criou o mercado de modeladores e, ao construí-lo como um produto 10 vezes melhor do que as soluções existentes, conseguiu transformar uma ideia em um verdadeiro império das lingeries.[5]

Estágio de Semente 3: aprimorando o modelo de negócio

Agora que confirmamos o problema do cliente e temos uma ideia aproximada da solução proposta, precisamos nos certificar de termos um modelo de negócio repetível e escalável para a solução. Nesse estágio, o Estágio de Semente 3, testamos nossa proposta de valor econômico de troca, seja com base na receita do cliente, na receita publicitária ou em alguma outra oportunidade de monetização. Analisamos as métricas e trabalhamos para identificar as que interessam para esse modelo de negócio. E olhamos para o futuro para definir os maiores obstáculos operacionais que encontraremos à medida que avançamos na criação da startup.

Para ver um exemplo, vamos fazer uma viagem à Cidade do México.

Trabalhamos com uma empresa de serviços financeiros para ajudá-la a criar algumas soluções modernas de banco on-line e de fácil utilização para seus clientes locais. A cidade é progressista e incrivelmente cosmopolita, mas seus bancos aparentemente pararam na idade das trevas, e parte do problema é que muitos mexicanos simplesmente não confiam nos bancos. Muita gente tem dinheiro, mas a criminalidade no país é alta, de modo que as pessoas não confiam muito nas medidas de segurança dos bancos na internet e evitam consultar o extrato e fazer transações on-line. Elas preferem ir às agências e esperar na fila (muitas vezes por uma hora ou mais) para fazer depósitos e atender às suas necessidades bancárias. Nosso parceiro queria lançar uma experiência de serviços bancários digitais na qual os moradores da Cidade do México confiassem para fazer investimentos e monitorar seus gastos e sua poupança. A hipótese era que uma solução de banco on-line ajudaria os clientes a acompanhar seus gastos e conseguir poupar mais.

Os testes iniciais dos Estágios de Semente 1 e 2 revelaram que os microempreendedores eram o grupo mais interessado numa solução como essa. Como era comum eles misturarem o dinheiro pessoal com o do negócio, viam muito valor em uma ferramenta que os ajudasse a monitorar suas despesas. Fizemos uma simulação de um aplicativo no Estágio de Semente 2 que teve bom desempenho nos experimentos, e a equipe avançou para o Estágio de Semente 3 a fim de validar a suposição de que os clientes do banco on-line deixariam mais dinheiro na conta, que era como nosso parceiro ganhava dinheiro. Essa premissa era crucial para o sucesso do modelo de negócio do empreendimento e precisava ser testada.

Fizemos um piloto na Cidade do México com cem pessoas, instalando uma versão preliminar do aplicativo bancário no celular delas e pedindo que o usassem por 90 dias enquanto monitorávamos seu comportamento. Também lhes dávamos "tarefas de casa" diárias, como "Transferir dinheiro da conta A para a conta B" ou "Pagar uma conta" pelo aplicativo. Analisamos suas atividades e observamos com atenção para ver se o maior acesso às suas informações bancárias ajudava os clientes do banco a melhorar seus hábitos de consumo.

Pulamos de alegria quando constatamos que a hipótese era verdadeira! Os microempreendedores adoraram poder acompanhar mais de perto seu fluxo de caixa e acabaram deixando mais dinheiro na conta-corrente e na poupança. O próximo passo da equipe foi encorajá-los a investir.

Normalmente, para abrir uma conta de investimentos na Cidade do México, um cliente precisaria ir a uma agência bancária, lidar com uma montanha de papéis e documentação e falar com um atendente só para poder investir algumas centenas de dólares. E o cliente teria de fazer isso *a cada vez que quisesse investi*r. Um processo arcaico, para dizer o mínimo. Então, a equipe começou a trabalhar em maneiras de tirar o atendente da equação e facilitar a tarefa de fazer o investimento pelo aplicativo.

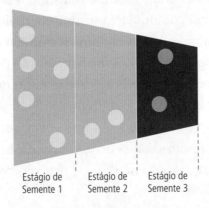

FUNIL DE VALIDAÇÃO, ESTÁGIO DE SEMENTE 3

Estágio de Semente 1   Estágio de Semente 2   Estágio de Semente 3

Em seguida, demos o aplicativo aprimorado a nossa mesma amostra de cem pessoas, encorajando-as a usá-lo, e estudamos seu comportamento. A barreira reduzida ao investimento proporcionada pelo aplicativo fez com que tivessem 80% mais chances de investir em comparação com os clientes que precisavam falar com um atendente numa agência. É difícil discutir com esses números.

O objetivo da experimentação do Estágio de Semente 3 é validar:

- **Se temos um modelo de negócio escalável:** isso requer atrair clientes e encantá-los (nos modelos B2C, o número deve ser de 100 a 500 clientes; nos modelos B2B, de 1 a 3).

- **Quais métricas são mais importantes para o modelo de negócio:** qualquer negócio pode ter dezenas de métricas monitoráveis. Neste estágio, o foco deve ser descobrir e começar a melhorar de três a cinco métricas capazes de impulsionar seu negócio essencial. Por exemplo, para um negócio de comércio eletrônico específico, essas métricas poderiam ser o custo variável de produção por unidade, o custo de aquisição de clientes, a taxa de giro de estoque, o ciclo de conversão de caixa e o tempo de processamento de pedidos.

- **Quais serão os maiores obstáculos:** antes de passarmos do estágio de semente à construção e ao dimensionamento, precisamos ter uma boa ideia de quais obstáculos serão os mais desafiadores à medida que a startup é construída. Existem obstáculos operacionais, como devoluções ou atendimento dos pedidos? Complexidades legais, como diferentes legislações em diferentes estados? Ou essa startup pode enfrentar dificuldades regulamentares adicionais, se você tentar construí-la dentro da empresa (o que pode sugerir que seria mais fácil fazer um *spin off* e transformá-la em uma empresa separada)?

Continue sovando a massa

Lembre-se que a Validação não é um processo isolado, nem linear. É um processo iterativo para testar ideias rapidamente e a baixo custo e revelar pontos fracos e fortes. Ele fornece aos cofundadores as ferramentas necessárias para testar as premissas mais cruciais sobre o problema do cliente, a solução e o modelo de negócio. Garante uma análise rigorosa dos vieses e revela as verdades de uma startup.

Neste capítulo, apresentamos o processo passo a passo, mas na prática ele não é tão ordenado assim. Durante a Validação, as equipes mudam o foco do problema para a solução, daí para o modelo de negócio e os clientes, reavaliando as premissas das três categorias à medida que avançam.

Então, se o processo não é linear, por que nos demos ao trabalho de distinguir um estágio do outro? Especialmente porque não é assim que a coisa acontece no "mundo real".

Pense num estudante de 18 anos que acabou de terminar o ensino médio e quer ser médico. Antes de poder abrir seu consultório ou até conseguir uma residência num hospital, ele precisa aprender as matérias básicas (biologia celular, bioquímica, fisiologia etc.) Para curar seus pacientes, precisa dominar o funcionamento do corpo humano, de cabo a rabo e em detalhes minuciosos. Aos 18 anos, pode até ter motivação e talento, mas não tem conhecimento. Ainda é um iniciante. E é só depois de fazer seis anos de medicina, estudando em período integral, mais quatro anos de residência e mais dois anos de especialização é que poderá, *dentro da lei e com confiança*, bater no seu joelho com aquele martelinho de borracha.

Nesse mesmo sentido, todos os nossos parceiros são iniciantes quando entram no processo de Validação. E os iniciantes precisam de estrutura, procedimentos confiáveis e repetição. Precisam ver a massa crescer e sová-la. Vê-la crescendo de novo e voltar a sová-la. Tudo para deixar a ideia mais forte.

Só depois que a ideia passou pelos três estágios de semente é que estará pronta para entrar no mundo como uma startup bebê, no estágio da Série A. Nada garante que ela se tornará o seu próximo negócio de 1 bilhão de dólares, mas, ao avançar pelo estágio de semente e aprender com os fracassos baratos, rápidos e produtivos, você terá eliminado ou corrigido os maiores erros de sua visão original, e suas chances de sucesso continuarão a crescer.

Apresentamos o lado empreendedor do Sistema Operacional de Crescimento, a parte do gerenciamento que determina qual é o trabalho a ser feito e como deve ser feito. Agora é hora de mudar nosso foco e conhecer o lado do venture capital. Os empreendedores internos de sua empresa não têm como atingir o sucesso sozinhos. Eles precisam de investidores para financiar seu trabalho e de defensores para derrubar obstáculos e dar orientações. Chamamos esse grupo de investidores e defensores de Conselho de Crescimento.

A VALIDAÇÃO NA PRÁTICA EM UMA ONG: O EXEMPLO DA CHILDREN'S CANCER ASSOCIATION

A Children's Cancer Association (CCA) é uma organização sem fins lucrativos cuja missão é criar momentos transformadores de alegria para crianças que enfrentam o câncer e outras doenças graves, bem como seus familiares. Todos os programas são gratuitos e se concentram em música, amizade, natureza e vínculos comunitários: tudo que é importante para crianças saudáveis e seus familiares e se torna exponencialmente *mais* importante quando elas são diagnosticadas com uma doença grave.

A fundadora, Regina Ellis, criou a CCA mais de 22 anos atrás, quando sua filha Alexandra morreu de câncer com apenas cinco anos e meio de idade. Regina se propôs a criar uma organização que posicionasse a alegria como uma melhor prática em hospitais e clínicas de saúde pediátrica por todo o território americano. Quem fez a ponte entre a Bionic e a CCA foi a presidente do conselho fundador da organização que tinha trabalhado em parceria conosco em outra empresa. Ela acreditava que a CCA, com seus princípios inovadores, se beneficiaria ao formalizar sua metodologia e aprofundar seus processos.

"Por sermos uma organização orientada a propósitos, temos raízes profundas no empreendedorismo", diz Ellis. "A CCA funciona mais como uma startup ou uma empresa do que como uma ONG tradicional. Nossa parceria com a Bionic foi uma oportunidade extraordinária de fortalecer nossas competências operacionais e adotar uma nova mentalidade de inovação num importante momento de crescimento organizacional."

A equipe multifuncional da CCA decidiu focar em pacientes adolescentes. Os parceiros hospitalares da ONG viviam dizendo que os adolescentes sofriam muito. Isso fazia sentido, já que os adolescentes encaram uma doença grave de uma maneira específica e muito difícil. Eles têm uma ideia da própria mortalidade e entendem a seriedade de um diagnóstico de câncer de uma maneira que as crianças simplesmente não conseguem entender. Além de lidar com as questões emocionais, hormonais e comportamentais que acompanham essa fase da vida, eles ainda precisam encarar uma doença que pode tirar sua vida. Em uma situação como essa, o apoio e os vínculos comunitários se tornam ainda mais importantes. Alguns adolescentes também acham que os programas da CCA, que se concentram em música, orientação, retiros na natureza e ajuda financeira à família, são para crianças menores. Para resolver esses problemas, a ONG optou por usar a Validação a fim de criar um programa específico para adolescentes.

ELES COMEÇARAM COM DUAS HIPÓTESES

1. Os adolescentes que estão enfrentando uma doença grave precisam se relacionar com os colegas em seus próprios termos.
2. Os adolescentes que estão enfrentando uma doença grave sentem necessidade de ter um propósito, de desenvolver habilidades e aprender.

ALGUMAS SOLUÇÕES PROPOSTAS

- Oferecer aulas de música individuais no hospital (já que os adolescentes se interessam em aprender novas habilidades).
- Coordenar aulas de música em grupo (que têm o potencial de promover relacionamentos com outros adolescentes).
- Criar cursos de fotografia, tutoriais de maquiagem, oficinas de artesanato ou outras iniciativas de desenvolvimento de habilidades (para os adolescentes que não têm interesse em aulas de música).

- Organizar uma experiência de excursão do tipo "sair do quarto" como uma maneira de sair do ambiente hospitalar (caso os adolescentes só queiram ficar sozinhos para descansar e se recuperar, mesmo se for no próprio hospital).

TESTES NO ESTÁGIO DE SEMENTE 1

A equipe da CCA deixou folhetos nos hospitais acompanhados de formulários de inscrição para os programas propostos para os adolescentes, como aulas de música, fotografia, tricô e tutoriais de maquiagem. Eles também foram de quarto em quarto, perguntando se os adolescentes gostariam de se inscrever ou se só queriam pegar um folheto e pensar a respeito. Por fim, a equipe criou um site que os adolescentes também poderiam usar para se inscrever nos programas.

A reação dos adolescentes foi um silêncio ensurdecedor. Uma das premissas básicas da equipe era que os adolescentes queriam se relacionar com os colegas em seus próprios termos. No entanto, a primeira rodada de experimentos não validou essa hipótese.

Assim, a CCA decidiu pedir diretamente a opinião e as sugestões dos adolescentes. A equipe deu aos adolescentes a opção de participar do que seria basicamente um workshop de design thinking, um fórum para sugerir programas que eles realmente queriam e dos quais precisavam. A equipe esperava que as recomendações dos participantes ajudassem a definir a próxima rodada de soluções propostas.

TESTES NO ESTÁGIO DE SEMENTE 2

Depois daquele primeiro encontro, em novembro de 2017, a CCA percebeu que os próprios fóruns poderiam ser a solução da qual os adolescentes precisavam tanto: uma maneira de se conectar com os colegas. Pensar juntos em possíveis programas poderia ser um modo de esses jovens ajudarem a comunidade e terem um propósito. Os encontros também ajudaram a organização a entender melhor as necessidades de adolescentes que tiveram de ficar internados por longos períodos e enfrentar uma doença grave, sabendo que poderiam não escapar com vida.

E assim nasceu a Young Adult Alliance da CCA. Em março de 2018, a CCA organizou o segundo encontro de adolescentes, com inúmeras atividades para quebrar o gelo, além de brainstorming, compartilhamento de histórias pessoais, sessões de recomendação de possíveis programas e muito mais. Os participantes opinaram sobre as ideias da equipe da CCA e apresentaram as próprias ideias.

ESTÁGIO DE SEMENTE 3 E ADIANTE

Só agora, munida de uma ideia mais concreta do problema do cliente e de sua solução, a CCA está analisando o "modelo de negócio", que, no caso da ONG, implica angariar doações.

"Em vez de sair por aí arrecadando fundos e gastar uma fortuna para lançar um programa que ainda não foi meticulosamente avaliado, nem completamente validado, o processo de Validação nos ajudou a ser mais deliberados. Na verdade, o processo exigiu isso de nós", explica Abby Guyer, ex-vice-presidente de marca da CCA.

A liderança da CCA acredita que o Sistema Operacional de Crescimento ajudou a tirar a inovação da sala da diretoria e implantá-la na organização como um todo. As pessoas começaram a questionar as premissas e a pensar em termos de experimentação, nas reuniões e até no dia a dia do trabalho. Funcionários de todos os níveis estavam se perguntando: "Como eu posso articular minha hipótese?" e "Como posso usar testes para validá-la antes de agir e, ainda mais importante, antes de gastar qualquer dinheiro com ela?". Como uma organização sem fins lucrativos, a CCA acredita que tem a responsabilidade de administrar bem o dinheiro que os doadores lhe confiam, e a Validação ajuda a garantir que as premissas sejam testadas antes de investir tempo ou dinheiro nelas.

"Acho que perderíamos muitas chances de aprender se todos os nossos experimentos fossem um sucesso estrondoso", Guyer nos disse. "Estamos aprendendo a deixar de focar nas nossas próprias necessidades, a não levar para o lado pessoal, se nossa ideia não for para a frente. É muito melhor focar nos stakeholders e nas soluções. Vivemos nos perguntando: 'Essa ideia é uma vitamina ou um analgésico?'."

Tiramos nosso chapéu para eles!

INVISTA COMO UM VENTURE CAPITALIST

A maioria das pessoas supõe, incorretamente, que só as startups têm ideias disruptivas e que as grandes organizações tradicionais se limitam a avançar pesadamente, aperfeiçoando suas ofertas existentes. No entanto, muitas empresas tradicionais empregam intraempreendedores talentosos que sonham alto e têm ideias inovadoras e transformadoras. O problema é que muitas vezes esses criadores não têm meios viáveis de levar seus produtos ao mercado.

Como precisam usar o dinheiro de verbas alocadas anualmente, eles têm de esperar até o próximo ciclo de planejamento. E, quando isso acontece, eles precisam competir pela verba com base no ROI (retorno sobre o investimento), apesar de ser impossível saber qual será o ROI de sua nova ideia. Em seguida, têm de empolgar os colegas das unidades de negócio relevantes, provocar o marketing a embarcar na aventura, persuadir ou distrair a área de *compliance* e convencer o departamento jurídico. Se alguém recuar, duvidar ou se recusar a apoiar a ideia, ela poderá ter uma morte lenta e silenciosa sem que a liderança sênior fique sabendo de sua existência. E, se a nova ideia tiver de competir com uma vaca leiteira da empresa (mesmo se a nova solução for muito melhor!), ela simplesmente não terá a menor chance. Nenhum gerente é incentivado a desestabilizar as bases da empresa.

Tudo bem, você até pode pensar em uma ocasião na qual alguém agiu rápido e fez algo grande. Uma pessoa que tenha muito capital político na empresa, um profundo conhecimento institucional e alguma "cobertura aérea" da alta liderança pode conseguir fazer algo grande... *uma vez*. Só que ela não vai conseguir repetir a façanha vez após vez, nem muito menos as pessoas que podem até ter a ideia certa, mas não as outras habilidades necessárias para atravessar o campo minado da burocracia e chegar vivas do outro lado. Só os líderes do topo têm o poder de aprovar ideias disruptivas enquanto praticamente a empresa toda está ocupada em reduzir os riscos porque, afinal, é para isso que as pessoas são pagas.

Não, o problema não é a falta de ideias. E não é que o CEO e os líderes seniores não estejam abertos a essas ideias. O problema é que essas ideias não têm a chance de ser apresentadas diretamente à liderança, e as equipes não têm permissão para explorá-las.

É neste ponto que entra o Conselho de Crescimento.

Opere como um executivo, crie como um venture capitalist

Você se lembra lá atrás, no Capítulo 1, quando falamos sobre o Sistema Operacional de Crescimento como uma máquina de gestão com dois motores, impulsionada por empreendedores internos e venture capitalists internos? Até este ponto, nosso foco incidiu nos processos que os empreendedores internos (membros da equipe de Descoberta e cofundadores da Área de Oportunidade) usam para identificar e avaliar possíveis apostas. Agora nos voltaremos a analisar como essas apostas são aprovadas, financiadas e apoiadas, usando um grupo de investimento e tomada de decisão que chamamos de Conselho de Crescimento.

A origem do nosso modelo de Conselho de Crescimento é uma daquelas histórias que só poderiam acontecer trabalhando e cocriando com nossos clientes. Pouco tempo depois que comecei a trabalhar em parceria com a GE, Eric Ries e eu estávamos dando palestras sobre o modelo da Startup Enxuta e a mentalidade dos líderes de crescimento, respectivamente, para a divisão de Óleo e Gás, liderada pelo CEO Lorenzo Simonelli. Terminei minha palestra e tinha acabado de me sentar à mesa no fundo da sala quando Simonelli se sentou ao meu lado e me fez a seguinte pergunta: "David, eu estive pensando. Estou gastando 700 milhões de dólares em mais de 500 programas diferentes e sei que nem todos são viáveis. Como posso recuperar metade desse dinheiro? Como faço para que as equipes me contem as verdades do mercado?".

Naquele momento uma luz se acendeu na minha cabeça, e percebi que o modelo de financiamento do venture capital, de investimentos em estágios para startups ao lado do modelo de semente/lançamento (Séries A e B/crescimento (Séries C+) poderia se aplicar aos investimentos da empresa no crescimento de seus empreendimentos internos. O modelo requer que as equipes apresentem evidências em cada estágio de acordo com o tamanho do financiamento que estão pedindo.

Para as pessoas responsáveis pela aprovação do orçamento, o modelo lhes possibilita investir quantias menores quando o risco é muito alto e continuar investindo à medida que o empreendimento demonstra que está progredindo. Basicamente, o modelo reduz os riscos do empreendimento. O problema de alocar o orçamento todo a cada projeto assim que é lançado é que as equipes podem deixar de dar o devido valor à verba porque não precisam mais lutar por ela. A abordagem dos venture capitalists, por sua vez, adota o tipo de parcimônia e senso de urgência que as startups enfrentam todos os dias. Essa abordagem mata zumbis (projetos que deveriam ser encerrados, mas continuam vivos) e fornece oxigênio às ideias com maior potencial de sucesso.

Quando terminei de esboçar o modelo em uma folha de papel que estava largada na mesa, Simonelli pegou a folha e se dirigiu apressado à equipe de liderança, anunciando: "É isto que vamos fazer!".

"Estávamos diante de um desafio enorme porque quem alocava os orçamentos era a engenharia, que distribuía as verbas anualmente com base no *status quo*", Simonelli disse, não muito tempo atrás. "Tínhamos vários projetos com anos de idade, mas que continuavam recebendo milhões de dólares, apesar de não terem um resultado claro em vista. Decidimos cortar todos os orçamentos de novos produtos e recomeçar do zero, reservando um quarto dos fundos para ser alocado pelo Conselho de Crescimento com base em etapas atingidas do processo."

Depois Simonelli acrescentou: "Isso nos possibilitou interromper os projetos logo no início, se não fizesse sentido continuar investindo neles. Ficamos mais disciplinados quanto à governança da alocação de capital. Foi bem difícil dar início a esse processo porque ele nos forçava a nos afastar da ideia de que temos direito à verba só por apresentar a ideia. Descobrimos que, apesar de serem muito interessantes, muitos dos projetos não tinham base em hipóteses robustas".

Eric Gebhardt, então diretor de tecnologia da divisão de Óleo e Gás, se ofereceu sem hesitação para trabalhar conosco no piloto da primeira iteração do Conselho de Crescimento: "À medida que mais equipes aderiam à ideia, alguns dos maiores céticos se transformaram nos maiores apoiadores porque perceberam que poderiam correr mais riscos e testar hipóteses mais ousadas. Eu diria que sempre fomos muito bons no desenvolvimento de produtos. O modelo nos deu a liberdade de sermos excelentes".

Três anos depois que Simonelli implantou o Conselho de Crescimento na divisão de Óleo e Gás da GE, ele pediu para sua equipe avaliar a velocidade e o custo dos lançamentos de novos produtos da empresa. O número de dias necessários para lançar um novo produto caiu 70% em relação aos dados consolidados, referente a apenas três anos antes, e o custo caiu mais de 80%. As más ideias morriam rapidamente (e a baixo custo), enquanto as boas ideias cresciam.

O reconhecimento de que as táticas das startups por si só não conseguem fazer a diferença dentro das grandes empresas (e de que as startups precisam do mecanismo de financiamento do venture capital para equilibrar o ecossistema de crescimento) foi o momento "heureca" para mim e meus primeiros colaboradores da Bionic, colocando nossa jovem empresa no caminho para criar todo o Sistema Operacional de Crescimento.

O Conselho de Crescimento é um grupo de líderes seniores que normalmente inclui o CEO, o diretor financeiro, o diretor de marketing e outros executivos importantes da empresa. O Conselho de Crescimento disponibiliza às equipes criadoras de startups um fórum para que possam apresentar suas ideias e receber financiamento e saber como suas ideias poderiam se encaixar nos objetivos estratégicos da empresa. Os membros do Conselho atuam como venture capitalists internos, decidindo como alocar fundos a ideias em estágio inicial, consolidando o aprendizado de várias iniciativas, dando permissões e estabelecendo limites para as equipes, além de remover barreiras quando necessário. O foco do Conselho é definir metas de crescimento, administrar o portfólio de apostas em andamento e tomar decisões de investimento e alocação de recursos para atingir essas metas.

Neste ponto, você pode querer nos interromper para dizer que sua organização já tem um comitê de investimentos. Entendemos que os dois conceitos podem ser parecidos. No entanto, como você verá, o Conselho de Crescimento é completamente diferente.

Por que manter um grande portfólio de apostas?

Quando empresas estabelecidas ponderam a possibilidade de novos empreendimentos, elas os avaliam do ponto de vista corporativo, pensando: "Vamos ter de desembolsar 50 milhões de dólares só para começar". Esses empreendimentos são avaliados com base em pesquisas de mercado e estudos de risco feitos em mercados conhecidos, mas, mesmo se parecerem vencedores na teoria, ainda podem ser um fracasso estrondoso na prática. Em consequência, os líderes seniores convocados para participar de seus respectivos Conselhos de Crescimento muitas vezes resistem à tese do "grande portfólio de apostas", imaginando que terão de gastar bilhões de dólares para financiar ideias que podem ser um fracasso estrondoso (ou, pior ainda, nunca chegar a morrer, transformando-se em zumbis sugadores de dinheiro e recursos, mas sem jamais gerar frutos).

Por isso, começamos apresentando a eles a metodologia de Validação que abordamos no último capítulo. Em seguida, falamos sobre a quantidade (surpreendentemente pequena) de capital que o processo de Validação requer e discutimos a diversificação do portfólio.

Quando a maioria dos executivos ouve a palavra *portfólio*, eles imediatamente pensam em "ações do mercado financeiro". O que é compreensível, já que a ideia de um portfólio diversificado foi apresentada ao mundo no contexto do gerenciamento dos riscos de investimentos no mercado de ações. No entanto, no mundo do venture capital, a "teoria do portfólio" tem uma conotação diferente. Os retornos sobre o venture capital são erráticos demais para seguir uma curva de distribuição normal tradicional. Em vez disso, os retornos seguem distribuições altamente concentradas de acordo com a "lei da potência": num fundo de venture capital, normalmente 65% dos investimentos perdem dinheiro, 25% oferecem um retorno moderado e apenas 10% rendem um bom dinheiro, de acordo com a Correlation Ventures, um fundo de venture capital.[1] Com efeito, os 6% dos investimentos de venture capital mais rentáveis parecem responder por 60% dos lucros totais, de acordo com a Horsley Bridge, um sócio administrador de sociedade limitada de muitos dos melhores fundos de venture capital.[2]

Vamos lhe dar um minuto para processar essa informação. Pense na raridade de encontrar por acaso um empreendimento que poderá entrar no minúsculo grupo dos 6% se você investir em apenas dez startups (sem falar naquela única ideia que você estava pensando em lançar com dezenas de milhões de dólares.)

Por sabermos tão pouco sobre novos espaços de negócios, tentamos nos proteger do risco aumentando o número de apostas. No entanto, a ideia também é reduzir ao máximo o custo dessas apostas. A diversificação no contexto do venture capital, portanto, deve voltar-se à aprendizagem (para aumentar as chances de esses raros vencedores serem incluídos no portfólio) em vez de nos limitar a otimizar os resultados financeiros de uma única aposta. Você se lembra das "escadas para a Lua" do Capítulo 4? Um portfólio de apostas permite que você aprenda de maneira assíncrona e assimétrica, aumentando suas chances de sucesso. Nas empresas, todos os projetos são pressionados a apresentar sucesso financeiro. Já no venture capital, presumimos que a maioria dos investimentos (ou seja, a maioria das novas startups) não dará em nada, de modo que fazemos muitas apostas.

Entendemos que é uma abordagem completamente diferente daquela a que você pode estar acostumado. Receber a volatilidade de braços abertos pode ser muito incômodo para os executivos cujo sucesso profissional se baseou em serem os melhores na otimização e na redução dos riscos das operações.

No entanto, adotamos essa abordagem por uma razão simples: aplicar a teoria tradicional do portfólio às iniciativas de crescimento pode ser o beijo da morte para grandes empresas estabelecidas. Robert H. Hayes e William J. Abernathy já tinham percebido isso em 1980, quando publicaram um artigo intitulado "Managing Our Way to Economic Decline" ("Gerenciando as empresas a caminho do declínio econômico", em tradução livre) na *Harvard Business Review*, em que escreveram:

> Originalmente desenvolvidos para ajudar a equilibrar o risco e o retorno dos portfólios de ações e títulos de dívida, esses princípios têm sido cada vez mais aplicados à criação e ao gerenciamento de portfólios corporativos, ou seja, um agrupamento de empresas e linhas de produtos reunidas por meio de vários modos de diversificação sob um único guarda-chuva corporativo.
>
> Quando utilizadas por um grupo remoto de especialistas calculistas mais preocupados com o lado financeiro e com o controle e sem nenhuma experiência prática, as fórmulas analíticas da teoria do portfólio levam os gestores a ser ainda mais cautelosos na alocação de recursos.[3]

O que queremos dizer com isso é que esse tipo de cálculo frio do ROI para avaliar as novas oportunidades jamais impulsionará o crescimento disruptivo. Essa abordagem pode ser a ferramenta certa para ordenhar vacas leiteiras ou avaliar inovações incrementais dos produtos essenciais da empresa. No entanto, se quiserem criar novos mercados, alavancar novos facilitadores e ampliar sua visão para se antecipar ao futuro da empresa, os executivos não podem se limitar aos índices financeiros tradicionais dos negócios.

Isso acontece porque o sucesso em um mundo desconhecível requer três fatores:

1. Um grande volume de apostas (que lhe possibilita...)
2. Encontrar a solução certa
3. No momento certo.

Então, o que exatamente o Conselho de Crescimento faz? E como isso ajudaria a criar e gerenciar esse portfólio diversificado de apostas? Vamos começar definindo as três responsabilidades do Conselho de Crescimento.

As três responsabilidades do Conselho de Crescimento

Os membros do Conselho de Crescimento atuam como investidores, fontes de opiniões/sugestões e diplomatas. Seu objetivo é viabilizar o progresso das startups, estabelecer objetivos, disponibilizar recursos e derrubar obstáculos para as várias equipes.

Responsabilidade 1: estabelecer metas de crescimento

A primeira responsabilidade de um Conselho de Crescimento é definir metas de crescimento claras para a empresa. Essas metas geralmente se enquadram em várias categorias:

- **Receita:** estamos buscando atingir uma determinada meta de receita e até quando? (Por exemplo, 1 bilhão de dólares em novas receitas dentro de cinco anos? Três negócios de 50 milhões de dólares em três anos?) Alerta de spoiler: quase todos os nossos parceiros estabelecem metas no início de nossos pilotos. E, ao fim do piloto, quando eles realmente entendem tudo o que é necessário para fazer esse trabalho e o que o Novo ao Grande pode fazer por eles, acabam por redefinir essas metas. Mas tudo bem. Apesar de ser importante ter um objetivo claro desde o começo, também é muito importante saber que você provavelmente vai precisar mudá-lo depois de começar.
- **Mercado:** queremos alavancar o Sistema Operacional de Crescimento para explorar oportunidades essenciais, adjacentes ou transformacionais? Como essas oportunidades podem ajudar a organização a atingir seus objetivos estratégicos? Estamos buscando entrar em um novo mercado específico? Quais forças de mercado têm mais impacto em nossa empresa?
- **Orgânico/inorgânico:** queremos focar em apostas orgânicas (ideias criadas dentro da empresa), inorgânicas (investimentos de venture capital em startups externas e/ou fusões e aquisições) ou em ambas? No último caso, qual porcentagem de nossos recursos e esforços estamos dispostos a alocar a cada opção? (Essa estratégia tem uma forte relação com o tamanho e o prazo de suas metas de crescimento.)
- **Horizonte de tempo:** ao considerar tecnologias ou facilitadores, você verá que alguns são de curto prazo e outros estão muito mais distantes. Até que ponto no futuro queremos que as equipes olhem? (Qual é seu nível de paciência ou impaciência?) E existem áreas, modelos de negócio ou segmentos de clientes que a empresa *não quer* explorar?

Responsabilidade 2: gerenciar a saúde do portfólio

Para gerenciar o portfólio, o Conselho de Crescimento precisa ser capaz de avaliar sua saúde. Aqui é importante lembrar que as métricas tradicionais do Grande ao Maior, como a TIR, não se aplicam. (Nem as métricas para avaliar os portfólios do mercado de ações, como o índice de Sharpe ou o Alfa.) Em vez disso, definimos quatro componentes que, juntos, criam uma imagem instantânea da saúde do portfólio: Foco, Tamanho, Qualidade e Velocidade.

1. O **Foco** diz respeito ao alinhamento com as metas de crescimento (essenciais, adjacentes, disruptivas). Por exemplo, "todas as apostas do portfólio estão voltadas para as metas de crescimento que o Conselho definiu para este trabalho?".
2. O **Tamanho** mede se o portfólio tem um número suficiente de apostas para atingir suas metas. O número de Áreas de Oportunidade e o número de ideias em cada Área de Oportunidade são suficientes para superar as chances de fracasso das startups?
3. A **Qualidade** avalia a qualidade das equipes, as Áreas de Oportunidade e a força dos talentos únicos que estão sendo alavancados, entre outros fatores. Essa métrica nos ajuda a determinar se é preciso fazer ajustes, como alterar a composição da equipe ou a tese de investimento.
4. A **Velocidade** mede em que ritmo as startups nas quais você apostou estão avançando pelos estágios do funil de investimento e a frequência na qual o funil é reabastecido com novas ideias (ou seja, novas startups).

"Desenvolvemos uma tese de crescimento para cada uma de nossas unidades de negócio", disse Eric Gebhardt, ex-diretor de tecnologia da divisão de Óleo e Gás da GE. Ao monitorar o progresso das startups de seu portfólio, as unidades de negócio se perguntavam constantemente: "Em que estágio essa startup está? No estágio de semente? No

146   Do Novo ao Grande

de lançamento? Está em crescimento? Onde precisamos semear novas ideias? A ideia continua alinhada à tese do crescimento? Nosso portfólio é equilibrado?".

Responsabilidade 3: viabilizar a capacidade de crescimento

O Conselho de Crescimento deve exemplificar a mentalidade do Sistema Operacional de Crescimento (como discutimos no Capítulo 4) e dar permissão para que as equipes digam as verdades do mercado. Eles devem conhecer e remover os obstáculos dentro da organização, bem como identificar e encorajar os talentos certos para impulsionar o crescimento do Novo ao Grande. Em resumo, eles viabilizam a capacidade de crescimento tanto pela maneira como falam sobre o trabalho que está sendo feito quanto pelas ações que tomam para dar apoio às pessoas que estão executando esse trabalho. Veja um exemplo de como isso funciona na prática.

Quando a Bionic começou a trabalhar com a Tyco em 2013, o CEO George Oliver estava cético. Tínhamos sido levados à empresa pelo diretor de inovação, que estava frustrado com o fato de a empresa não ter um pipeline de novos empreendimentos. Ele acreditava que a Bionic facilitaria o processo de financiamento. Oliver precisava ser convencido e compareceu de má vontade à primeira reunião do Conselho de Crescimento. Na segunda reunião, ele começou a ver a luz e, na terceira, já era um grande adepto da ideia.

Naquela terceira reunião, uma cofundadora da Área de Oportunidade estava absolutamente aterrorizada com a apresentação que tinha para fazer. Sua Área de Oportunidade começou parecendo muito promissora, mas, quando sua equipe começou a se aprofundar, ficou claro que a empreitada não daria em nada. Sua tarefa naquele dia era informar ao Conselho de Crescimento que a Área de Oportunidade tinha sido invalidada e que a empresa deveria parar de financiá-la. Nós a orientamos, a encorajamos e lembramos que era fundamental revelar as verdades do mercado sobre o projeto, mas ela continuava nervosíssima. O que é compreensível, já que teria de entrar em uma enorme e luxuosa sala de reuniões, repleta de executivos seniores, e explicar que sua equipe tinha apostado no projeto e perdido a aposta.

Ela fez a apresentação com franqueza e humildade. Oliver decidiu promovê-la ali mesmo, por ter percebido que só uma pessoa muito corajosa poderia demonstrar tanta franqueza. Aquela foi a mensagem mais convincente de que ele apoiava o Sistema Operacional de Crescimento, independentemente de as empreitadas terem sucesso ou fracasso. Com aquela decisão (especialmente considerando que a oportunidade parecera tão promissora no começo), ele estava dizendo à empresa toda que não havia problema em tentar e falhar. Com suas ações, ele disse à empresa toda que eles tinham permissão para fazer experimentos, mesmo se o processo os levasse a alguns becos sem saída porque os becos sem saída que são atingidos rapidamente e sem grandes investimentos poupavam muito dinheiro à empresa e permitiam que eles concentrassem seus esforços nas ideias que realmente tinham potencial.

Agora que definimos as três responsabilidades do Conselho de Crescimento, vamos apresentar dois de seus membros mais importantes: o CEO e o Parceiro Externo do Empreendimento.

O CEO deve se responsabilizar pelo Conselho de Crescimento

Como o crescimento do Novo ao Grande requer que a liderança e as equipes questionem as práticas tradicionais, essa abordagem só pode ser eficaz se essa mudança for encabeçada pelos líderes seniores e, principalmente, pelo CEO. *Isso é absolutamente imprescindível.*

Não é fácil adotar os critérios de investimento e a mentalidade do Novo ao Grande em qualquer organização. As pessoas precisam se convencer de que essa é a única maneira de garantir o futuro da empresa. Elas precisam da permissão para correr riscos que só o CEO e a liderança sênior podem conceder. Se o CEO não promover pessoalmente o crescimento do Novo ao Grande, adivinhe o que vai acontecer? A iniciativa ficará às moscas. Nenhuma novidade nisso.

Aprendemos essa lição a duras penas. No passado, trabalhamos com parceiros cujo CEO acreditava que podia delegar o crescimento. Em todos os casos, essa atitude mandava uma mensagem clara à empresa: "Quero que vocês todos façam isso, mas estou ocupado com coisas mais importantes".

Dá para imaginar qual foi o resultado. Porque a verdade é que a liderança representa pelo menos metade da razão pela qual as grandes organizações não conseguem crescer tanto quanto poderiam. Todas as abordagens que apresentamos no Capítulo 4 são o contrário da maneira como os executivos seniores foram treinados para pensar. Afinal, eles só chegaram onde estão porque estavam certos! Porque reduziram os riscos! Porque seguiram décadas de melhores práticas! Porque aplicaram métricas financeiras rigorosas a todos os novos investimentos! Eles são exímios operadores! E agora também precisam aprender a ser criadores?

Se quiserem o crescimento, sim.

Você pode ter se identificado com os argumentos desses líderes. (Se for o caso, esperamos que leia o livro até o fim em vez de transformá-lo em um calço de porta.) Ou talvez seja seu chefe que pensa assim, ou o chefe do seu chefe. (Se for o caso, esperamos que tenha um pouco de empatia com eles. Afinal, as regras estão mudando tão rápido que eles precisam navegar por águas absolutamente desconhecidas.)

De qualquer maneira, será impossível manter um sucesso continuado se você não aprender a ser um líder ambidestro (ao mesmo tempo um operador e um criador). Porque já não basta ser um bom líder. O CEO do século 21 deve ser um líder de *crescimento*, e isso começa quando ele assume a responsabilidade pelo Conselho de Crescimento. E ponto final.

Montando a equipe

Agora que o CEO já se convenceu, é hora de escolher os outros membros do Conselho de Crescimento. O tamanho ideal é de seis a oito executivos, com uma combinação de executivos comerciais e financeiros (tecnologia, finanças, jurídico etc.) que tenham autoridade moral, financeira e estratégica para tomar decisões no Conselho. O objetivo é montar um grupo grande o suficiente para representar uma variedade de pontos de vista, mas pequeno o suficiente para ser ágil e decisivo.

EXEMPLO DE UM CONSELHO DE CRESCIMENTO

CONSELHO DE CRESCIMENTO "Permissões e financiamento"	CEO	Dir. marketing	Dir. financeiro	Dir. operacional	Dir. tecnologia	Dir. P&D	Presidente BU	Parceiro Externo

Quando trabalhamos com as empresas, também nos convidamos para participar do Conselho de Crescimento. Porque, para fazer direito, você precisa de alguém de fora para ajudá-lo a analisar as ideias. Adam Grant explica essa necessidade com uma história em seu livro *Originais*.[4]

Um de seus ex-alunos de doutorado, Justin Berg, resolveu pesquisar a capacidade das pessoas de prever o sucesso de novas ideias. Em uma série de experimentos, Berg, que hoje faz parte do corpo docente da Faculdade de Pós-Graduação em Administração de Stanford, pediu que artistas circenses (isso mesmo, artistas de circo!) avaliassem a probabilidade de suas performances terem sucesso com o público.

Berg constatou que os criadores eram terríveis para prever o sucesso das próprias performances, pois estavam próximos demais das ideias. Então, reuniu alguns gerentes de circo experientes, mostrou-lhes vídeos dessas novas performances e pediu que previssem a que faria mais sucesso com o público. Nessa pesquisa, ele constatou que os gerentes também não eram muito bons na seleção de ideias. Eles tinham em mente um modelo do que achavam que seria um bom ato circense, e aquelas novas performances não se encaixavam nesse modelo.

150   Do Novo ao Grande

Não satisfeito, Berg fez mais um experimento.

Ele pediu que artistas circenses avaliassem as performances de outros artistas. Em outras palavras, chamou outros criadores para avaliar as performances com uma visão de fora. Adivinhe o que aconteceu? Eles se destacaram na tarefa. Suas previsões foram as que mais se aproximaram do feedback do público. Grant explica que os criadores tendem a ser otimistas demais em relação às próprias ideias. E os gestores são pessimistas demais porque estão tentando avaliar se a ideia se encaixa em sua visão de sucesso. Já os outros criadores (pessoas de fora, ou outsiders) têm mais chances de ver uma ideia incomum e dizer: "Nunca vi nada igual a isso, mas pode dar certo". E eles também não hesitam em dizer: "Isso está horrível. É melhor recomeçar do zero".

A Bionic montou e participou de mais de cem reuniões de Conselhos de Crescimento ao longo dos anos, e aprendemos da maneira mais difícil que todos os conselhos precisam, *necessariamente*, ter a perspectiva de alguém de fora. Com base nessa lição, incluímos no Conselho de Crescimento um Parceiro Externo do Empreendimento com o objetivo de garantir a perspectiva de um criador de fora na avaliação de todas as possíveis apostas da startup.

O papel do Parceiro Externo do Empreendimento é crucial para o sucesso de um Conselho de Crescimento *especificamente porque* essa pessoa é alguém de fora da empresa. Pesquisas demonstram que as pessoas de fora podem ser mais criativas porque não são limitadas pela mentalidade tradicional e pelas soluções existentes.[5] Elas também dão sugestões e opiniões independentes e podem despolitizar as discussões por não terem nenhum viés em relação à situação e, basicamente, nenhum interesse em seu resultado. Para superar os vieses cognitivos (e institucionais), essa pessoa de fora precisa ser bem informada e objetiva.

Ao montar seu próprio Conselho de Crescimento, procure em seu conselho corporativo um empreendedor experiente e um investidor em startups de estágio inicial que possam atuar como o

Parceiro Externo do Empreendimento. Ou você pode procurar no ecossistema empreendedor de sua cidade ou região um investidor que possa ser recrutado para esse papel. (É claro que você também pode procurar a gente.) O outsider é o outro membro indispensável de um Conselho de Crescimento de sucesso.

O Parceiro Externo do Empreendimento traz o de fora para dentro

Uma coisa é certa: os executivos são teimosos. Muitos deles têm décadas de experiência atuando em diferentes setores, estão acostumados a tomar decisões multimilionárias todos os dias, acham que já viram tudo. Eles são qualificados e preparados, mas também são obstinados e refratários. Pode ser muito difícil ensiná-los a mudar sua mentalidade sobre novos empreendimentos. Pode ser até penoso.

Ainda bem que eles também adoram um bom desafio. O Conselho de Crescimento não poderá ter sucesso se os integrantes não conseguirem se livrar de velhos comportamentos e crenças antigas, e é por isso que contamos com o Parceiro Externo do Empreendimento para orientar os outros membros do Conselho, oferecer uma dose saudável de perspectiva empreendedora e fornecer coaching individual.

O Parceiro Externo do Empreendimento também se empenha para afastar os membros do Conselho de atitudes de liderança arraigadas, capazes de reprimir o processo empreendedor. O integrante que veio de fora ajuda os executivos a aprender a pensar com uma "mente de iniciante", fazendo perguntas em vez de afirmações e rejeitando vieses institucionais calcificados. Todo Conselho de Crescimento precisa de um integrante capaz de analisar as evidências com uma visão livre das políticas internas e que force o grupo a promover essa nova maneira de trabalhar. Sem uma pessoa de fora, fica difícil colocar em prática a teoria do portfólio de empreendimentos.

O Parceiro Externo do Empreendimento deve ser alguém com muito conhecimento do mundo das startups e, portanto, capaz de ter uma visão clara do que acontece fora da empresa. Procure alguém com experiência como investidor em startups de estágio inicial e que tenha tido pelo menos um sucesso *e* um fracasso como empreendedor. Essa pessoa será capaz de colocar as novas tecnologias em contexto, coletar informações de novos territórios a partir das trincheiras das startups e orientar os executivos que se afastam da mentalidade do Novo ao Grande. E, retomando o exemplo dos artistas de circo, eles passaram tempo suficiente atuando como empreendedores na "tenda" das startups e como investidores na "tenda" dos investimentos em estágio inicial para se destacar na avaliação de novas ideias.

Apresentando os Patrocinadores Executivos

Por último, mas certamente não menos importante, você vai precisar de Patrocinadores Executivos. Esses parceiros não costumam participar do Conselho de Crescimento, mas desempenham um papel importantíssimo fazendo a ponte entre o trabalho de Validação dos cofundadores e o trabalho de investimento do Conselho de Crescimento. Seu papel é ajudar os cofundadores a pensar, garantir o rigor da Validação e remover obstáculos.

Você pode pensar no Patrocinador Executivo como um membro de uma empresa de venture capital que liderou o investimento em uma startup específica. Embora todos os integrantes da empresa de venture capital (o Conselho de Crescimento) tenham votado para fazer o investimento, esse membro é quem atua mais próximo da equipe. É para ele que a equipe liga no caso de um desastre, quando encontra dados surpreendentes que poderiam levar a uma pivotagem, ou quando precisa de ajuda para encontrar um especialista em determinada área a quem pedir conselhos. E, quando chega a hora de a startup levantar outra rodada de financiamento, eles recorrem a todos os parceiros de venture capital, mas é esse parceiro específico que sabe mais sobre mais sobre a startup nas deliberações a portas fechadas.

O investidor em startups de estágio inicial Chris Sacca ficou famoso por só investir em startups se tivesse certeza de que poderia afetar os resultados de alguma maneira. Apesar de saber que as startups eram inerentemente arriscadas, ele nos disse recentemente: "Eu sabia que, quando as coisas começavam a dar errado nas nossas empresas, eu podia dar uma chegada lá e ajudar. Eu podia começar a diagnosticar o problema. Eu podia recomendar pessoas melhores para contratar. Podia ajudar a simplificar os processos e conseguir os primeiros clientes para eles". Em consequência, ele acreditava que "o sucesso pode até contar com a sorte, mas não é por acaso". Essa é uma maneira perfeita de encarar o papel do Patrocinador Executivo.

No contexto de uma empresa, o Patrocinador Executivo também se torna ao mesmo tempo um membro do conselho de administração da startup e um coach para os três cofundadores da Área de Oportunidade, aprovando fundos para experimentos individuais de Validação, garantindo que esses experimentos sejam robustos e confirmando que os membros da equipe estão tomando decisões com base em evidências à medida que avançam.

Vejamos um exemplo do poder de um excelente Patrocinador Executivo. Em uma de nossas empresas parceiras, uma equipe tinha passado vários anos trabalhando num novo produto de cuidados para os cabelos. Eles tinham identificado uma nova utilização para uma tecnologia existente que resolveria uma necessidade concreta e dolorosa do cliente e queriam lançar esse produto sob uma de suas marcas existentes (que o público adorava). A empresa designou um executivo sênior de P&D para patrocinar a equipe, e, por ser de P&D, o patrocinador não tinha um interesse especial em nenhuma marca específica da empresa.

Aplicando a metodologia da Validação, a equipe logo descobriu que os clientes de fato queriam resolver esse problema, mas queriam uma solução que fosse ao mesmo tempo voltada para a saúde (que a marca existente poderia oferecer) e para a beleza (que a marca não oferecia). A equipe percebeu que não tinha escolha: era preciso criar uma nova marca para que o novo produto tivesse sucesso. No entanto, temiam que a ideia fosse rejeitada pelo Conselho de Crescimento. O Patrocinador Executivo os tranquilizou, confirmando que a verdade do mercado falava mais alto do que qualquer viés de marca, e defendeu, no Conselho de Crescimento, a recomendação da equipe de *só* avançar com a solução se uma nova marca fosse criada.

Lançando um Conselho de Crescimento

Agora que você tem já tem sua lista de jogadores, quais são as regras do jogo? Com base em nossa experiência trabalhando com dezenas de Conselhos de Crescimento, desenvolvemos os princípios a seguir.

Começando pelo começo

1. **Quem não comparecer não vota:** só os membros do Conselho de Crescimento que estiverem presentes têm o direito de votar. Representantes ou procuradores não são permitidos.
2. **Reuniões frequentes:** os Conselhos de Crescimento devem se reunir pelo menos uma vez por trimestre (à medida que o número de equipes de Áreas de Oportunidade aumenta, um subgrupo também pode se reunir com mais frequência).
3. **Decisões baseadas em fatos:** os Conselhos de Crescimento devem superar seus vieses sobre a resposta "certa" e reprimir toda tendência a dar mais suporte a projetos "queridinhos". Em vez disso, devem tomar decisões com base em evidências encontradas pelas equipes.
4. **Decisões orientadas à ação:** os Conselhos de Crescimento devem decidir na reunião quando interromper ou prosseguir com as iniciativas. Pedidos de *follow-up*, opiniões adicionais etc. devem ser a exceção, não a regra.

5. **Feedback em tempo real:** as equipes da Área de Oportunidade devem ser informadas das decisões do Conselho de Crescimento imediatamente após a reunião. Elas não devem ser mantidas no escuro.

Regras básicas

Não é fácil ser o CEO de uma empresa multibilionária e se abster de opinar nas reuniões. Nós entendemos. No entanto, o Sistema Operacional de Crescimento requer que todos os membros do Conselho de Crescimento adotem um novo estilo de liderança baseado na prática de fazer perguntas. As regras básicas para os membros do Conselho que empregam a abordagem da liderança baseada em perguntas são:

- faça perguntas às equipes, em vez de dizer o que você pensa;
- faça perguntas relevantes ao estágio de desenvolvimento;
- concentre-se nas evidências apresentadas pelas equipes;
- mantenha-se aberto a aprender o tempo todo;
- confie nas equipes e permita que as evidências orientem as decisões.

Definindo os mecanismos e os custos

Depois que os membros do Conselho de Crescimento se acostumarem com a prática de fazer perguntas, em vez de supor que já conhecem as respostas, eles precisam saber *quais* perguntas fazer. No estágio de semente, as perguntas não devem incluir "Qual é o ROI?", "Quais são as margens?" ou "Quanta participação de mercado poderemos conquistar?". Nesse estágio, as perguntas não podem girar em torno de RONA, ROIC e TIR. Afinal, ainda é impossível saber as respostas para essas perguntas, já que elas só serão conhecidas daqui a alguns anos. Qualquer tentativa de respondê-las induziria a desonestidade intelectual.

O melhor é fazer às equipes uma lista de perguntas cujas respostas possam ser conhecidas em cada estágio do desenvolvimento de uma solução. Nos estágios iniciais, essas perguntas incluem: "Quais são as próximas premissas cruciais que devem ser testadas?", "Qual grupo ou população se empolgou mais com a ideia?", "Quem são os principais concorrentes para esta solução?".

À medida que as apostas avançam pelo processo de Validação, as perguntas passam a ser algo como: "Quais são as três maiores prioridades do cliente?", "Qual é o modelo de negócio inicial para a solução?", "Quais são as quatro ou cinco métricas para esse modelo de negócio (LTV*, CAC** etc.)?", "Quais fatores adjacentes fazem com que esse negócio seja escalável?".

Enquanto o Conselho de Crescimento pondera essas questões, é importante voltar-se aos mecanismos. Os membros do Conselho sabem que orientarão o processo de financiamento, mas precisam ser lembrados de que essa orientação não virá na forma da liberação de um orçamento milionário. Pelo menos não por enquanto. Eles começarão fazendo investimentos menores, em etapas. Essa abordagem pode causar estranheza a executivos acostumados a alocar verbas enormes, cruzar os dedos e esperar alguns anos para ver o que acontece. A maioria dos executivos acha mais fácil tomar uma decisão de 10 milhões de dólares do que uma decisão de 100 mil.

Agora eles precisam se acostumar com apostas menores em lotes maiores. Precisam alocar menos dinheiro, mas se preparar para ver resultados de giro rápido e um tanto desordenados e tomar decisões com base em evidências coletadas e de uma perspectiva mais ampla. Eles têm o poder de interromper o financiamento se as equipes da Área de Oportunidade voltarem com resultados claramente desanimadores, mas também deverão exigir que os resultados atinjam o novo padrão.

---

*   Valor do Tempo de Vida (do Cliente). [N. T.]
**   Custo de Aquisição de Clientes. [N. T.]

Quando a equipe voltar em 12 ou 16 semanas para apresentar suas descobertas, a apresentação precisará ser imparcial e revelar os riscos. E também deverá incluir o que a equipe aprendeu, com base em evidências, sobre a necessidade do cliente e se a solução proposta de fato satisfaz essa necessidade. Os membros do Conselho de Crescimento devem confiar nas equipes e no processo.

Como o custo de estar errado é muito mais baixo usando essa abordagem de gestão, muitos membros do Conselho se ajustam rapidamente (às vezes até *demais*) ao novo paradigma. Fazer a transição de lento e custoso a rápido e barato pode ser um pouco inebriante. É fácil se empolgar com algumas ideias individuais e perder de vista o Problema Total Disponível mais amplo.

Vejamos um exemplo disso. Alguns anos atrás, uma Parceira Externa do Empreendimento da Bionic trabalhava com uma empresa parceira que estava fazendo dezenas de experimentos ao mesmo tempo para testar uma variedade de soluções. Diante disso, ela precisou refrear o processo, dizendo: "Que bom que esses testes todos estejam gerando tanto aprendizado, mas qual é o objetivo disso tudo? O que os experimentos estão nos dizendo sobre o problema do cliente que buscamos resolver?".

A equipe não soube responder. Eles tinham ficado tão empolgados com esse sistema de retornos rápidos e de alto rendimento que acabaram perdendo o objetivo de vista. Enquanto achavam que estavam progredindo, pois vinham obtendo um fluxo constante de resultados tangíveis, tinham se esquecido completamente do destino que queriam alcançar.

O Conselho de Crescimento decidiu fazer uma pausa para consolidar as lições aprendidas e redefinir o que constituía o maior ponto de dor do cliente. Lembre-se de que as equipes devem explorar uma solução completamente nova para um problema concreto, com o objetivo de criar um mercado totalmente novo. Um mercado que a empresa estaria posicionada para dominar. Completamente. Com isso em mente, a Parceira Externa do Empreendimento os ajudou a reformular sua Área de Oportunidade, e a equipe conseguiu elaborar uma tese de crescimento.

A empresa foi capaz de dizer: "Não vamos entrar no mercado como uma fabricante de produtos. Vamos entrar no mercado para ajudar nossos clientes a resolver esse enorme problema. Vamos resolver esse problema para os clientes que têm recursos limitados, que não têm espaço em casa para um eletrodoméstico, que não têm tempo de resolver eles mesmos o problema e não têm dinheiro para terceirizar o trabalho. Vamos criar mecanismos para resolver o problema de uma maneira que seja segura para a família dos clientes e sustentável para o meio ambiente".

Ponderar os mecanismos e o custo com o Conselho de Crescimento é uma jornada. Eles começam hesitantes, depois entendem o espírito da coisa, aderem à metodologia do Sistema Operacional de Crescimento, ficam exultantes com os resultados rápidos da equipe, mudam de perspectiva e finalmente cristalizam a tese de crescimento. É uma experiência intensa e estimulante para o Conselho de Crescimento. Eles percebem que não estão fazendo tudo isso só para levar novos produtos ao mercado, mas para aprimorar a visão de como podem satisfazer as enormes e contínuas necessidades dos clientes e, com isso, criar um futuro melhor para a empresa.

Você está preparado para observar uma reunião do Conselho de Crescimento? Vamos dar uma espiada para ver o que eles estão aprontando.

Luzes, câmera, ação!

Já falamos sobre todos os fatores: os membros, os mecanismos, a metodologia e a visão de longo prazo do Conselho de Crescimento. Agora é a hora de ver como são essas reuniões. (Lembre-se de que *não* estamos falando de uma reunião de um comitê de investimento.)

As reuniões do Conselho de Crescimento são realizadas a cada trimestre e normalmente levam metade do dia. O principal objetivo da reunião é o Conselho conversar com as equipes de Área de Oportunidade para saber o que descobriram sobre os problemas que estão tentando resolver, identificar o que o Conselho de Crescimento pode fazer para ajudá-las a avançar com mais rapidez e tomar decisões sobre o portfólio. Cada equipe deve fazer sua apresentação seguindo um roteiro mais ou menos nestes termos: "Esta é a nossa hipótese. Vamos fazer estes experimentos para ver se ela se comprova. E queremos a permissão de vocês para explorar X ou precisamos de Y para podermos avançar mais rápido". Feito isso, é só enxaguar e repetir. Em seguida, o Conselho deve decidir se vale a pena para a empresa continuar investindo nessa Área de Oportunidade.

Para começar, em geral o Patrocinador Executivo de uma Área de Oportunidade passa alguns minutos atualizando o Conselho de Crescimento antes de os cofundadores fazerem a apresentação. Essa preparação de terreno é um sumário de nível executivo: "Acreditamos que A, B e C são verdades. Obtivemos alguns insights interessantíssimos, acreditamos que X é uma grande oportunidade, estamos descobrindo que Y não tem um bom potencial". Essa breve introdução prepara o Conselho para o que estão prestes a ouvir. (Como você já deve saber, os executivos gostam de começar com a manchete antes de se aprofundar nos detalhes.)

Uma reunião do Conselho de Crescimento normalmente inclui várias apresentações de equipes de Áreas de Oportunidade, de modo que cabe ao Parceiro Externo do Empreendimento manter o ritmo da reunião. Cada equipe recebe um tempo para apresentar suas descobertas e responder às perguntas do Conselho. As equipes podem mostrar vídeos de entrevistas com clientes do mercado *beachhead*, demonstrações de clientes interagindo com protótipos, ou modelos do próximo estágio de desenvolvimento. Podem apresentar dados de outras startups que testaram ideias no mesmo mercado e a evolução semanal dos resultados de seus próprios experimentos. Se a equipe acreditar que uma solução é viável, ela precisa confirmar essa hipótese com evidências concretas e estar preparada para convencer o Conselho de que a ideia merece receber mais fundos.

(Nas primeiras reuniões do Conselho de Crescimento, todas as equipes da Área de Oportunidade podem ser convidadas a fazer a apresentação. No entanto, à medida que o número de apostas em uma Área de Oportunidade aumenta, só as equipes que tiverem uma solicitação específica ou precisarem da aprovação do Conselho de Crescimento para obter financiamento adicional e avançar mais pelo funil devem ser chamadas para fazer a apresentação em uma reunião.)

O trabalho da equipe, liderada pelo Patrocinador Executivo, deve incluir o monitoramento das atividades que estão ocorrendo fora das paredes da empresa na Área de Oportunidade relevante. Como os fundos estão sendo usados? Quem são os players dominantes e os players emergentes na área? Em sua apresentação para o Conselho de Crescimento, o Patrocinador Executivo e os cofundadores podem pedir financiamento para uma aquisição com o objetivo de acelerar seu avanço na Área de Oportunidade.

Concluídas as apresentações dos líderes das equipes, o Conselho de Crescimento e o Parceiro Externo do Empreendimento discutem os empreendimentos a portas fechadas. O Conselho analisa as decisões que precisam ser tomadas sobre as várias Áreas de Oportunidade e coleta feedback para as equipes. Eles decidem se vão continuar dando apoio à Área de Oportunidade por mais um tempo (em geral de 6 a 12 meses), seja por meio de financiamento, aquisições, permissões, conexões ou alguma combinação desses fatores. Analisam as métricas do portfólio e avaliam se as Áreas de Oportunidade apresentam o volume, a velocidade, a qualidade e o tipo de apostas necessárias para atingir as metas de crescimento.

Depois que todas as equipes de Área de Oportunidade fizeram sua apresentação e todas as decisões foram tomadas, o grupo encerra a

7 | Invista como um venture capitalist   161

sessão com um exercício de autorreflexão: o Conselho de Crescimento está fazendo um bom trabalho? Eles fizeram as perguntas certas? Como podem melhorar da próxima vez?

E, por falar em "próxima vez", cabe notar que, embora todas as reuniões do Conselho de Crescimento sigam esse mesmo formato básico, a dinâmica muda, dependendo do nível de maturidade do Sistema Operacional de Crescimento na organização. Na primeira reunião do Conselho de Crescimento, as pessoas ficam constrangidas e sem jeito. Todas as pessoas. Tanto os membros do Conselho quanto as equipes da Área de Oportunidade ainda têm muito a aprender sobre o processo, e todos ficam embaraçados e sem graça. É de esperar. (Quem conduz essa primeira sessão é o Parceiro Externo do Empreendimento.)

A segunda reunião do Conselho de Crescimento (que costuma ser realizada mais ou menos na marca dos seis meses) é um pouco mais espontânea. As equipes já se acostumaram com o fluxo de trabalho e estão começando a validar algumas hipóteses. Algumas ideias já podem ter passado pelo Estágio de Semente 1, ou até pelo Estágio de Semente 2, e os modelos possíveis de negócio estão começando a ficar mais claros. Algumas das primeiras soluções propostas já podem ter sido testadas usando protótipos de alta fidelidade.

A terceira reunião do Conselho de Crescimento muitas vezes já inclui uma solução que está concluindo o Estágio de Semente 3 e pode estar pronta para entrar no estágio de construção. Algumas outras ideias que apresentaram bom desempenho no Estágio de Semente 2 estão sendo preparadas para entrar no Estágio de Semente 3. A essa altura, o Conselho de Crescimento já sabe como avaliar soluções individuais e, embora o portfólio ainda seja relativamente pequeno, eles podem começar a se voltar para o gerenciamento da saúde do portfólio.

Na quarta reunião do Conselho de Crescimento, todos já estão conversando e colaborando como um grupo coeso. Com orçamentos maiores em jogo, a discussão do Conselho de Crescimento se concentra em preparar o terreno para os novos negócios prontos para saltar dos estágios de semente ao estágio de construção, e o Conselho já tem um bom entendimento dos fatores econômicos do mercado no qual pretende entrar (ou que está prestes a criar). Nesse ponto, o Parceiro Externo do Empreendimento começa a sair do papel de conduzir o Conselho de Crescimento durante a reunião e passa a agir como um consultor de confiança para ajudá-lo a tomar as decisões de investimento certas e a gerenciar a saúde do portfólio de crescimento.

Substituindo um processo isolado por um processo contínuo

Promover um ambiente pró-empreendedorismo é um dos maiores e mais importantes desafios enfrentados pelos Conselhos de Crescimento, muitas vezes ainda mais crucial do que facilitar o financiamento. Essa tarefa envolve garantir o apoio da alta administração ("cobertura aérea") e dar liberdade de ação às equipes da Área de Oportunidade, mas também deve exemplificar a mentalidade dos criadores. Os melhores Conselhos de Crescimento impulsionam uma política de apostas de alta velocidade e alto volume, promovendo um ambiente receptivo a novas ideias e tolerante a riscos, adiantando-se aos obstáculos e removendo-os, fornecendo os recursos necessários e concentrando-se nas oportunidades certas.

No entanto, para que esse processo seja contínuo, o Conselho de Crescimento e as equipes de Área de Oportunidade vão precisar do apoio de um grupo importante na empresa: a equipe de recursos humanos. Afinal, a única maneira de o Sistema Operacional de Crescimento ser incorporado ao DNA da empresa é por meio das pessoas. Então, vamos falar sobre pessoas.

O MAIS IMPORTANTE SÃO AS PESSOAS

O Novo ao Grande não tem como acontecer sem as pessoas. De nada vale tudo isso sem a energia e o entusiasmo de seres humanos inteligentes, dedicados, imaginativos, colaborativos, visionários e imperfeitos.

E você pode estar se perguntando: "Será que eu tenho as pessoas certas para fazer isso? E, mesmo se elas estiverem na empresa, como posso encontrá-las? Como tirá-las do trabalho que estão realizando e alocá-las para essa iniciativa sem causar um grande problema? E como eu as convenço de que o trabalho será gratificante e não vai prejudicar a carreira delas?".

Esta última pergunta resulta de uma circunstância irônica que despontou nos últimos dez anos: quando funcionários de grandes empresas são transferidos para equipes de "inovação", isso pode indicar que a carreira deles está desacelerando ou, pior, que já são considerados cartas fora do baralho na empresa. Enquanto trabalham no projeto de "inovação", são esquecidos pela máquina de gerar promoções do Grande ao Maior. Algumas pessoas chegam a dizer que os departamentos de inovação são aquele lugar aonde as carreiras vão para morrer. Vamos fazer uma pausa para reconhecer como é errado pensar assim. Os sistemas tradicionais literalmente punem as almas corajosas que correm riscos para inovar. Assim, mesmo se você tiver dezenas de empreendedores natos em seu grupo de funcionários, eles podem preferir ficar na moita.

E não é só isso! Em uma organização do Grande ao Maior, as pessoas que têm mais sucesso são as que alavancam a previsibilidade e a mitigação de riscos. Já o Novo ao Grande requer entrar no desconhecido, olhar para onde ninguém olhou antes e ampliar os limites. No Grande ao Maior, as pessoas são promovidas por estar certas. No Novo ao Grande, o sucesso exige reconhecer o que não sabemos e fazer as perguntas certas para aprender. Essa dicotomia significa que as pessoas de alto desempenho em uma empresa tradicional do Grande ao Maior cultivaram exatamente os comportamentos operacionais incompatíveis com o trabalho do Novo ao Grande. Os profissionais dos quais você precisa para trabalhar no Sistema Operacional de Crescimento provavelmente não são os que já subiram na hierarquia da sua empresa. Pelo contrário, talvez eles precisem ser encontrados. Em termos mais amplos, para garantir o sucesso do Novo ao Grande, você precisará adaptar sua infraestrutura de gerenciamento de pessoas para encontrar, motivar, reter, recompensar e desenvolver esses colaboradores.

Comece encontrando os iconoclastas do RH que topam trabalhar em parceria com você

Esse trabalho organizacional se divide em duas partes. Primeiro, precisaremos adaptar os sistemas atuais de gerenciamento de pessoas do Grande ao Maior para dar suporte à nova função de um empreendedor/cofundador. Todos os mecanismos do atual sistema de gerenciamento de talentos a serviço do Grande ao Maior precisam ser avaliados pelas lentes do empreendedorismo e do venture capital: identificação das pessoas com os talentos necessários, avaliações de desempenho, estruturas de reporte, incentivos, remuneração, os comportamentos que são valorizados e os tipos de líderes que são promovidos. Todos esses fatores precisarão passar por pequenos (ou talvez grandes) ajustes. Se lhe parecer que estamos montando uma infraestrutura de RH totalmente nova é porque, pelo menos em parte, é isso mesmo. A maioria das adaptações será pequena, enquanto outras parecerão praticamente impossíveis. A vantagem é que não precisaremos fazer todo esse trabalho de uma só vez (mas teremos de começar a fazer pequenos experimentos de RH imediatamente).

A segunda metade do trabalho organizacional envolve cultivar, nos funcionários e nos líderes mais promissores, as habilidades e a mentalidade que levam ao sucesso de um empreendedor. Como o trabalho do Sistema Operacional de Crescimento é muito diferente do trabalho que os funcionários faziam antes (*principalmente* porque eles podem estar fazendo esse novo trabalho em colaboração com colegas que ainda utilizam os protocolos tradicionais da empresa), eles precisarão de treinamento, coaching e mentoria.

Já deve estar claro que, para atingir todos esses objetivos, precisaremos de um parceiro criativo de RH que possa dedicar boa parte de seu tempo ao Sistema Operacional de Crescimento. Se você acha que recrutar a pessoa ideal vai ser um pesadelo, fique tranquilo. Vimos repetidas vezes que, quando encontramos o parceiro de RH certo, eles normalmente adoram o desafio.

Os quatro pilares

Para orientar o trabalho organizacional, você e seu novo melhor amigo do RH precisam começar com uma pitada de inspiração e outra de provocação. Desenvolvemos quatro pilares que os profissionais precisarão ter para implantar o Sistema Operacional de Crescimento.

Pilar 1: players e promotores

No universo teatral, dois grupos são necessários para produzir uma peça: os "players", que incluem atores, diretores, cenógrafos e figurinistas totalmente dedicados à produção em si; e os "promotores", que incluem agentes de atores, produtores e outros profissionais que são fundamentais para o sucesso do espetáculo, mas que também trabalham simultaneamente em outros projetos.

Todas as pessoas afetadas pelo Sistema Operacional de Crescimento têm suas necessidades e precisam ter essas necessidades atendidas, não importa se elas forem totalmente dedicadas ao programa, como os players, ou se tiverem um envolvimento apenas parcial, como os promotores. Os promotores também devem receber atenção e não podem ser ignorados, nem se sentir excluídos. Parte do nosso trabalho é obter a adesão deles, remover obstáculos, respeitar suas necessidades e, acima de tudo, evitar prejudicar a carreira desses profissionais.

Pilar 2: deve ser seguro tentar

No decorrer de todo o processo, os participantes serão solicitados a fazer coisas que fogem das tradições e convenções da empresa. Eles podem ser removidos de seu departamento, trabalhar com um novo chefe e ser instruídos a abandonar projetos em andamento. Precisarão ter *muita coragem* para topar o desafio. E, se não der certo, vão precisar de garantias de que não serão deixados à própria sorte. Eles sabem que, ao abandonar o cargo, podem acabar ficando de lado e estão correndo um risco gigantesco ao aceitar entrar nessas equipes. Eles precisam saber que não serão punidos, congelados na carreira, rebaixados nem substituídos por se oferecer para contribuir.

"Sempre fazemos questão de agradecer às equipes por todo o aprendizado que nos proporcionaram. As equipes que tiveram a verba cortada recebem exatamente o mesmo tratamento que as equipes que continuaram recebendo fundos", explicou Eric Gebhardt, da GE. "Com isso, as pessoas perceberam que tinham um ambiente seguro onde podiam arriscar, que não se tratava de um fracasso, mas de um aprendizado validado. Foi importantíssimo desenvolver essa confiança."

Por outro lado, essas pessoas têm um chefe (numa organização matricial, elas podem ter mais de um chefe) que ficou com um subordinado a menos e pode até ter de responder pelo desempenho de seu funcionário nessa nova função. (Uma função na qual eles não terão a menor visibilidade e, ainda, sobre a qual não terão nenhum entendimento.) Ninguém pode exigir que esses chefes corram esse tipo de risco. Portanto, faça o que for necessário para garantir a segurança deles. Ninguém deve sentir que sua carreira corre perigo por participar do programa do Sistema Operacional de Crescimento.

Pilar 3: faça a coisa mais fácil e que seja boa o bastante

Para a pessoa certa do RH, esse princípio é o mais libertador. Pense que o pessoal de RH atua numa situação difícil: os programas e as políticas que adotam afetam dezenas ou centenas de milhares de pessoas de uma só vez. Se errarem algum detalhe, pode parecer que o mundo está despencando na cabeça deles. Desse modo, o pessoal de RH aprendeu, desde seu primeiro emprego, a criar soluções "abrangentes", "perfeitas" e "conservadoras" para satisfazer o maior número de pessoas.

Só que, no nosso caso, estamos inventando coisas que nunca foram tentadas antes e que só afetarão umas 20 ou 30 pessoas no começo. Não precisamos lançar uma solução perfeita que seja escalável para dezenas de milhares de funcionários. Na verdade, essa abordagem seria contraproducente! O melhor seria seu parceiro de RH conduzir experimentos em pequena escala, assim como os cofundadores da Área de Oportunidade, porque, no fundo, estão fazendo a mesma coisa: tentando aprender com a maior rapidez e com o custo mais baixo possível. Em vez de uma solução enorme, abrangente e infalível, encontre a coisa mais fácil que dará conta do recado para que o RH possa saber se a solução vislumbrada funcionará como pretendido.

Criar ajustes fáceis e imediatos para acomodar a nova função de empreendedor pode não levar a soluções escaláveis de longo prazo. No entanto, essa abordagem criará soluções que funcionarão pelo menos por um tempo, ensinarão muito e ganharão um tempo para sua equipe descobrir como seria uma solução permanente.

Pilar 4: valorize o desempenho da equipe (não só o desempenho individual)

O empreendedorismo é uma atividade coletiva. A eficácia individual só tem valor se contribuir para a eficácia da equipe. Essa mentalidade se opõe à abordagem da maioria das grandes organizações, de modo que é importante que você a reconheça e a processe. O sucesso se baseia no progresso do grupo em direção à meta coletiva, e não na contribuição de um indivíduo. Em uma startup de estágio inicial, é raro fazer avaliações de desempenho. Na verdade, sua empresa ainda está lutando pela sobrevivência a cada dia que passa. Ou você quer continuar na equipe ou está fora. Essa realidade direciona um grande foco para os resultados coletivos ("Só vendemos dez pares de sapatos hoje"), e não em atividades individuais ("Consegui terminar o relatório no prazo").

Como o trabalho, e a maneira como os participantes devem prestar contas, é tão diferente da norma, só os líderes que trabalham no programa do Sistema Operacional de Crescimento são qualificados para avaliar o desempenho. Os promotores podem ter opiniões, mas são os players que sabem o que pode ser considerado "bom" nesse contexto.

Estude esses pilares e tenha-os sempre em mente ao voltar sua atenção para a formação de equipes do Sistema Operacional de Crescimento. Naturalmente, seu parceiro de RH precisará se comprometer com a empreitada, mas o mesmo pode ser dito de todas as outras pessoas. Os membros do Conselho de Crescimento e os cofundadores da Área de Oportunidade precisarão adotar essa mentalidade durante todo o tempo em que estiverem fazendo esse trabalho.

Agora, vamos falar de como encontrar as pessoas certas para compor essas equipes.

Criando oportunidades para os empreendedores escondidos

O início deste trabalho costuma ser marcado por lamúrias. Os líderes dizem: "Não temos as pessoas certas para fazer esse trabalho! Ninguém na nossa empresa está fazendo algo minimamente parecido".

Pode ficar tranquilo porque você já tem todas as pessoas das quais precisa em sua folha de pagamento. Em algum canto de sua organização sempre há funcionários com uma natureza empreendedora, atraídos pela incerteza, que adoram fazer experimentos e vivem pensando num jeito melhor de resolver um problema. Esses funcionários estão continuamente aprendendo e não têm medo de questionar crenças arrigadas, o que os leva a ser vistos como "desajustados", e não como candidatos a programas de alto potencial. Desse modo, seu primeiro passo é convencê-los a sair da toca demonstrando que esse trabalho é capaz de transformar a carreira deles.

Essa etapa da persuasão é importantíssima. Se a pessoa achar que está sendo forçada a fazer o trabalho, ela pode ficar muito infeliz. Não é possível simplesmente mandar que faça um trabalho totalmente diferente. Se ela não se adequar ao trabalho empreendedor, focado no crescimento, ou se for qualificada, mas não apaixonada por ele, ela vai definhar. (E se ressentir da empresa por prejudicar sua carreira.) Convide, não mande. Solicite voluntários, não arraste as pessoas a contragosto.

Etapa 1: veja se têm as características necessárias

Há inúmeros livros e artigos que abordam quais atributos e talentos estão *sempre* presentes nos empreendedores de sucesso. Nossa lista de atributos e competências, por outro lado, foi meticulosamente calibrada para identificar pessoas equipadas para realizar o trabalho do Sistema Operacional de Crescimento dentro de uma empresa estabelecida.

Pode ser tentador pular a avaliação dessas características se você já tiver um empreendedor respeitável em sua empresa. Foi o que aconteceu com uma das primeiras empresas com as quais a Bionic trabalhou em parceria. Havia no quadro dessa empresa um líder sênior premiado por seus empreendimentos e que tinha ganhado uma pequena fortuna com os negócios criados por ele antes de entrar nessa organização em que vinha trabalhando há décadas. A empresa naturalmente presumiu que ele seria a escolha perfeita e o alocou à equipe da Área de Oportunidade sem avaliar os atributos necessários para ser um cofundador. Acontece que ele era um sujeito truculento e resistente, e toda a sua experiência prévia limitava sua capacidade de aceitar novas abordagens. Essa atitude acabou prejudicando tanto a equipe quanto o trabalho. Ele foi retirado rapidamente do Sistema Operacional de Crescimento, e a empresa percebeu que era essencial que os cofundadores apresentassem algumas características.

Veja as características que buscamos nos participantes do Sistema Operacional de Crescimento as quais você pode usar para avaliar o empreendedorismo natural dos candidatos:

CARACTERÍSTICAS DOS MEMBROS DO CONSELHO DE CRESCIMENTO

Mentalidade de crescimento: acredita na importância do empreendedorismo e é apaixonado por levar novos conceitos e melhores práticas à organização. Orientado a gerar resultados com base nas necessidades do cliente.

Resiliência: pensa em termos de possibilidades e não se incomoda em enfrentar ambiguidades para atingir o maior crescimento possível. Disposto a assumir riscos apropriados e a tomar decisões, mesmo diante da incerteza. Não se incomoda se não houver consenso.

Líder baseado em perguntas: usa perguntas para esclarecer as coisas e chegar às verdades do mercado. Reconhece e recompensa os fracassos produtivos. Usa evidências para validar ou invalidar as hipóteses.

Prestação de contas: reporta-se diretamente ao CEO. Tem a influência e a autoridade necessárias para remover barreiras (organizacionais, culturais, nos sistemas etc.).

Disruptivo: questiona as tradições, as convenções e as normas culturais e organizacionais profundamente arraigadas, rompendo a burocracia para acelerar os resultados.

Concede permissões: cria um ambiente no qual todos se sentem à vontade para expressar opiniões conflitantes. Cria condições propícias a expor ideias ousadas, considerar as verdades inconvenientes e assumir riscos inteligentes.

CARACTERÍSTICAS DO PATROCINADOR EXECUTIVO

Catalisador: exemplifica a mentalidade de crescimento e possibilita que outras pessoas façam o mesmo.

Apaixonado: acredita na oportunidade e tem um grande desejo de ajudar a criar uma solução de impacto.

Respeitado: tem tempo de casa e autoridade suficientes para remover barreiras e dar acesso a suas equipes.

Solícito: dá orientação às equipes (aproximadamente uma hora por semana) e defende suas solicitações diante do Conselho de Crescimento.

Jardineiro: fica sempre de olho nas equipes, mas não se envolve diretamente. Sugere quais seriam os recursos certos, sem dar a resposta nem administrar o processo.

CARACTERÍSTICAS DO COFUNDADOR

Adaptável: inventa abordagens originais. Descobre o que fazer quando processos ou técnicas pré-fabricados são inadequados.

Curioso: encontra padrões entre fontes discrepantes e aparentemente não relacionadas, adiantando-se a maneiras inovadoras de criar e posicionar novas ideias de negócios.

Humilde: acredita que ainda tem muito que se desenvolver e gosta de aprender com os outros. Vê a colaboração como um mecanismo de autoaperfeiçoamento.

Paixão pela experimentação: sabe combinar a experimentação com outras pesquisas, métricas e testes para revelar pontos fortes e fracos da estratégia atual e traçar um caminho claro a seguir.

(Você também precisará encontrar pessoas para compor um terceiro time: a Equipe de Operações Especiais. Falaremos sobre ela em mais detalhes no próximo capítulo.)

Ao coletar nomes e entrevistar candidatos interessados, veja se eles têm essas características ou têm potencial para desenvolvê-las. Isso garantirá o sucesso tanto das pessoas quanto dos projetos nos quais elas trabalharão.

Etapa 2: encoraje a autosseleção

Como já vimos, não tente forçar as pessoas a fazer esse trabalho. Será muito melhor promover um ambiente que encoraje as pessoas que tiverem as características desejadas a se oferecer como voluntárias.

O primeiro passo é o CEO se tornar um superfã do Sistema Operacional de Crescimento.

Se as mensagens vindas do topo forem positivas e empolgantes, as pessoas terão mais chances de se candidatar. Se o CEO liderar o Conselho de Crescimento e for veemente em seu apoio a esse trabalho, encorajando outros líderes seniores a seguir o exemplo, os funcionários talentosos se sentirão seguros para se oferecer. Prepare o terreno despertando a conscientização e mostrando o entusiasmo da liderança.

David Taylor, CEO da Procter & Gamble, exemplificou muito bem essa atitude. Ele investiu em um programa interno do Sistema Operacional de Crescimento, que a empresa chamou de GrowthWorks, participa do Conselho de Crescimento e exemplifica os comportamentos desejados, atuando como líder de aprendizagem. Kathy Fish, diretora de pesquisa, desenvolvimento e inovação, e Marc Pritchard, diretor de marca, lideram a GrowthWorks com uma equipe centralizada e voltada a viabilizar as unidades de negócio. Pessoas com espírito empreendedor, espalhadas por toda a P&G, estão se oferecendo para esse trabalho e, com isso, estão identificando novas oportunidades de crescimento.

O segundo passo para promover a autosseleção é oferecer maneiras fáceis e de baixo risco para os funcionários se candidatarem. A ideia é dar às pessoas a oportunidade de ver esses trabalhos na prática e manter uma lista de voluntários. Você pode não ter uma vaga para eles hoje, mas pode ter em breve.

- **Pense na possibilidade de organizar uma feira de empregos específica para o Sistema Operacional de Crescimento.** Aloque aos diversos estandes pessoas que possam explicar exatamente quais serão as várias funções e o que os participantes farão nas diferentes etapas do processo. Faça uma lista dos interessados.
- **Outra opção é organizar um retiro de startups.** Convide todos os funcionários interessados para um retiro intensivo de

dois dias, onde eles receberão um desafio, gerarão algumas ideias e farão alguns testes. No fim do evento, cada equipe apresenta sua solução. O objetivo não é coletar ideias de negócio, mas encontrar pessoas talentosas e interessadas no trabalho empreendedor. Você não precisa alocar todas as pessoas ao trabalho imediatamente; pode criar um canal de acesso a pessoas interessadas que poderá mobilizar à medida que expande o trabalho. (E, naturalmente, você não precisa fazer o evento no fim de semana. Pode ser em qualquer dia da semana, basta que sejam dias seguidos.)

Etapa 3: faça com que as pessoas sintam segurança em explorar

No início do capítulo, mencionamos que pode ser um suicídio profissional trabalhar na inovação em uma grande empresa. Voltar-se a criar novos produtos ou ofertas pode desacelerar o avanço profissional das pessoas, de modo que é natural elas temerem esse tipo de mudança. Quando alguém é tirado do trabalho em um negócio essencial e alocado a uma equipe de inovação, acontece muito de a pessoa não ser bem recebida quando volta ao posto original depois de concluído o trabalho da equipe de inovação. Ninguém estava defendendo essas pessoas nas reuniões de calibração de talentos porque elas não faziam parte das equipes essenciais. É bem provável até que seu cargo tenha sido preenchido. (E se a inovação foi um "fracasso"? A "marca pessoal" daquele membro da equipe essencial pode ter ficado maculada.)

Alguns anos atrás, vimos isso acontecer com uma cofundadora do Sistema Operacional de Crescimento. Ela trabalhava no departamento de insights do cliente e tinha sido escolhida para trabalhar em um novo empreendimento, mas continuaria se reportando ao chefe de seu antigo departamento. Seu chefe não fazia ideia do que vinha a ser o novo trabalho dela, nem de como avaliar seu sucesso, de modo que se limitou a manter as mesmas expectativas de desempenho que vinha usando para todos os funcionários de seu departamento. Ela tentou explicar o que estava fazendo agora e as habilidades que estava aprendendo, mas seu chefe não tinha o menor preparo para entender. Ela se sentiu lançada ao mar sem um barco salva-vidas, e ele se sentiu incapaz de orientá-la. E, terminado o trabalho no Sistema Operacional de Crescimento, nenhum dos dois tinha ideia de como ela poderia voltar a atuar no departamento ou se informar de tudo o que tinha acontecido em sua ausência. Pense no Pilar 2: deve ser seguro tentar. Como a organização não tinha sido preparada, não era seguro para nenhum dos dois deixá-la tentar trabalhar no Sistema Operacional de Crescimento.

Como já vimos, os cofundadores e toda a equipe do Sistema Operacional de Crescimento devem prestar contas aos respectivos Patrocinadores Executivos, e não aos chefes anteriores. Enquanto esse trabalho estiver em andamento, eles só devem ser avaliados pelas pessoas envolvidas no mesmo projeto. Por outro lado, também precisamos criar mecanismos para manter os funcionários protegidos enquanto estão afastados de suas funções e dos departamentos anteriores.

Para evitar transformar o Sistema Operacional de Crescimento em uma máquina restritiva de carreiras na qual as pessoas se arrependem de entrar, as empresas devem se preparar, desde o primeiro dia, para que as pessoas retornem a suas funções essenciais. Nem todas vão querer voltar (muitas podem achar que a carreira no empreendedorismo é mais adequada a suas habilidades e objetivos), mas a empresa precisa disponibilizar uma saída para quem quiser voltar a suas atribuições anteriores depois de sua passagem pelo Sistema Operacional de Crescimento. Essa saída pode ser a criação de uma nova abordagem de patrocínio para alocar um líder sênior e um parceiro de RH que conheçam o trabalho para defender essas pessoas. Ou pode ser elaborar e disseminar mensagens claras sobre como suas novas habilidades e sua maneira de pensar poderão ajudar os negócios essenciais quando elas voltarem a ficar disponíveis. O funcionário que voltar ao negócio essencial vai querer ferramentas para divulgar o programa e ensinar as habilidades e a mentalidade de crescimento que aprendeu.

Protocolos para o transplante de talentos

Os membros do Conselho de Crescimento e os Patrocinadores Executivos vão incorporar o trabalho do Sistema Operacional de Crescimento a suas atribuições existentes, mas é indispensável que os cofundadores dediquem 100% de seu tempo ao trabalho da Área de Oportunidade. Muitos o farão por um período determinado (18 meses, dois anos, talvez um pouco mais), mas, durante esse tempo, deverão se dedicar exclusivamente a esse trabalho.

Se um empreendedor só dedicasse 30% de seu tempo e energia à própria startup, nenhum venture capitalist toparia apostar nele. Os investidores podem até participar de reuniões com esses "empreendedores de meio período" ou mesmo lhes dar alguns conselhos, mas jamais financiariam um fundador que não mergulhasse de cabeça na ideia. Esse trabalho não pode ser um projeto paralelo que só recebe uma fração do tempo e da atenção das pessoas. Afinal, os empreendedores devem ser obcecados pelos problemas do cliente que se propõem a resolver a fim de descobrir o que tem o potencial de criar enormes oportunidades de negócio. E, considerando que, em uma empresa, tentar fazer os dois trabalhos (o Sistema Operacional de Crescimento e o negócio essencial) gera incentivos conflitantes, qual deles você acha que vai falar mais alto? Com certeza será o trabalho que você sempre fez nessa organização e que vai decidir sua próxima promoção.

A liderança sênior precisa defender a dedicação exclusiva ao trabalho do Sistema Operacional de Crescimento e deve se empenhar na defesa de sua importância. Quando isso acontece, os funcionários de todos os níveis sabem que é seguro se dedicar de coração e alma ao trabalho da inovação.

Então, agora você já avaliou um candidato, viu que ele tem as características certas para o trabalho e o alocou para ser um cofundador de uma Área de Oportunidade. Como você pode tirá-lo de sua função, departamento e trabalho atuais?

Infelizmente, não há uma única resposta certa para essa pergunta, mas podemos recorrer ao Pilar 3: faça a coisa mais fácil e que seja boa o bastante. Enquanto você ainda só estiver aquecendo o motor do Novo para Grande, não precisa implantar todo um protocolo escalável de RH para tirar as pessoas das funções existentes e transferi-las para as equipes de uma Área de Oportunidade. Você só precisa improvisar um sistema temporário que funcione para o primeiro lote de inovadores, que normalmente será composto de uma dúzia de pessoas ou menos.

Por exemplo, você pode agrupar todas as Áreas de Oportunidade como uma organização separada na empresa. Ou pode transferir temporariamente todos os cofundadores a uma única unidade de negócio existente. As possibilidades (e impossibilidades) dependerão da estrutura corporativa, dos protocolos da folha de pagamento e dos sistemas de RH de sua empresa. Crie sua própria solução para começar o trabalho e só comece a se aprofundar nos detalhes de como escalar essa solução à medida que o projeto avança.

Por enquanto, tudo bem. E o que dizer das pessoas que não estão *profundamente* envolvidas nesse trabalho de criação de empreendimentos, mas cujo apoio é crucial para o sucesso continuado do projeto? E os promotores, os ex-chefes dos recém-nomeados cofundadores que trabalham em funções nos setores jurídico, financeiro, de compliance, RH (basicamente qualquer pessoa que tenha o poder de dizer "não" e não tenha nada a ganhar com o sucesso desse trabalho)? Como podemos apoiá-los e engajá-los no empreendimento?

Curso introdutório de gestão de promotores

Os promotores que sabem do valor do trabalho do Sistema Operacional de Crescimento e se sentem respeitados pelas pessoas que realizam esse trabalho são promotores satisfeitos. E os promotores satisfeitos não causam problemas para os colegas que trabalham no Sistema Operacional de Crescimento.

Os promotores insatisfeitos, por outro lado, podem causar sérios danos.

Certa vez, trabalhando com uma empresa parceira, começamos a iniciativa como sempre fazemos: atraindo cofundadores, explorando Áreas de Oportunidade e montando equipes de Área de Oportunidade para trabalhar em período integral no projeto, com os Patrocinadores Executivos atuando como os novos chefes dos cofundadores. O problema era que, naquela empresa, os ex-chefes dos cofundadores continuavam tecnicamente responsáveis por eles no sistema de RH e continuavam encarregados das avaliações de desempenho anuais e das recomendações para aumentos salariais e promoções dos cofundadores. Assim, mantiveram suas reuniões individuais semanais com esses funcionários, pedindo relatórios regulares e gerando toda semana várias horas de trabalho adicional para os cofundadores. Eles não reclamaram, mas o trabalho extra os afetou *e* os deixou preocupados com a avaliação de desempenho e a possibilidade de serem preteridos em aumentos e promoções, já que seu trabalho no Sistema Operacional de Crescimento não se encaixava perfeitamente nos planos de carreira de suas divisões.

Depois de um mês ou dois, um dos cofundadores mencionou por acaso essa preocupação ao Patrocinador Executivo, que foi pego de surpresa. Os Patrocinadores Executivos não faziam ideia de que isso estava acontecendo e ficaram compreensivelmente preocupados com o moral e o foco dos cofundadores. Ao mesmo tempo, entendiam a importância de manter os ex-chefes informados sobre as experiências e as habilidades que os cofundadores estavam desenvolvendo nesse novo trabalho. Então recorreram à ajuda do parceiro de RH do Sistema Operacional de Crescimento, e, juntos, se reuniram com os ex-chefes dos cofundadores para decidir a melhor maneira de lhes fornecer atualizações mensais sobre o trabalho que estava sendo realizado, além de promover maior transparência sobre os planos de coaching e desenvolvimento para os cofundadores. Em seguida, marcaram uma reunião com a participação de todos os cofundadores para apresentar os planos de remuneração e avaliação para a equipe de Área de Oportunidade, de modo que se sentissem seguros para tentar, fracassar e repetir.

Essa política funcionou como mágica. O apoio veemente de um líder do topo combinado com uma comunicação aberta e receptiva se provou uma estratégia altamente eficaz de gestão de promotores. Desde então, adotamos essa estratégia em outros projetos, e ela também vai ajudar você a implantar o Sistema Operacional de Crescimento em sua própria organização.

As pessoas têm medo do desconhecido, mas, se se sentirem informadas, terão menos chances de resistir. É crucial ser transparente e aberto sobre o trabalho do Sistema Operacional de Crescimento desde o início, especialmente porque esse trabalho é muito diferente dos esforços de transformação corporativos.

Os funcionários que estão há um tempo na empresa já devem ter visto experimentos internos. "Vamos todos acolher a transformação ágil!", "Vamos criar nosso software de um jeito diferente!", "Vamos usar técnicas enxutas!", "Seja o que for, vamos fazer juntos!"

O Sistema Operacional de Crescimento é diferente. Estamos falando de um pequeno grupo de pessoas 100% comprometidas com um subconjunto do trabalho. E, para catalisar essa profunda mudança, traçamos um círculo ao redor dessas pessoas comprometidas. Podemos começar com 30. No segundo ano, o grupo pode crescer para 150, o que continua sendo muito pouco para uma grande organização. É um subconjunto minúsculo, que, visto de fora, pode parecer que está recebendo um tratamento especial e seguindo regras especiais.

As pessoas que estão fora desse círculo ficam curiosas. Elas se sentem ameaçadas e querem saber como, quando e se esse pequeno círculo de pessoas fazendo um trabalho compartimentalizado as forçará a mudar seus próprios hábitos de trabalho. As pessoas pensam: "Parece que estamos vendo uma nova onda se formando, e, se for o caso, como podemos nos preparar para sobreviver a ela?".

A melhor maneira de se vacinar contra esse medo é compartilhando informações, como mostra o último exemplo. E, embora seja crucial obter o apoio e a adesão veementes da liderança, também é crucial recrutar o parceiro de RH certo. Encontrar uma pessoa com uma grande capacidade de comunicação e gestão de pessoas para ajudar a tranquilizar o pessoal, administrar os boatos e esclarecer dúvidas pode fazer toda a diferença.

E por falar em RH, que tal voltarmos ao Pilar 3? É importante que os funcionários de RH adotem a postura do "Faça a coisa mais fácil e que seja boa o bastante" à medida que o trabalho do Sistema Operacional de Crescimento avança. Se algum subconjunto do RH estiver aberto a embarcar na jornada com as equipes de Área de Oportunidade e os Patrocinadores Executivos, se eles gostarem da ideia de participar de um experimento ousado e empolgante, encontrarão maneiras de contribuir com esse novo sistema operacional, em vez de achar que estão sendo arrastados por ele. Essas pessoas terão a chance de criar um novo tipo de solução de gestão de talentos, ao mesmo tempo vinculada à mentalidade de crescimento e escalável. Uma solução que deverá ser ajustada, submetida a um piloto e testada em pequena escala, antes de ser implantada na empresa toda.

Quando percebem que não estamos tentando mudar a vida de todos, mas que só estamos mudando uma pequena fração da empresa e só por um determinado período para validar uma ideia que poderia ser mais permanente, muitos membros da equipe de RH ficam profundamente aliviados. Na verdade, alguns deles gostam tanto da ideia que acabam adotando a experimentação antes dos outros departamentos!

O pessoal de RH está entre os promotores mais importantes, e é crucial conquistar o apoio deles para possibilitar essa mudança organizacional.

Repensando os sistemas de recompensa

À medida que o programa amadurece, é importante determinar como o trabalho do Novo ao Grande deve ser remunerado e recompensado. Gostaríamos de ter uma receita que você pudesse pôr em prática nos sistemas atuais de sua empresa a fim de traduzir a remuneração do Grande ao Maior em termos do Novo ao Grande, mas não temos. A remuneração e as recompensas costumam variar de acordo com o setor e em geral são incrivelmente complicadas.

Dito isso, veja a seguir alguns pontos para ter em mente ao personalizar seus sistemas de recompensas para se adequar ao trabalho do Sistema Operacional de Crescimento:

- **Não mude nada no começo:** de preferência, a remuneração dos participantes deve ser mantida inalterada pelo menos nos seis primeiros meses do programa. Isso dá a todos a chance de ver se são adequados para o trabalho. Também tem o benefício de ser fácil de implantar e bom o bastante (veja o Pilar 3).
- **Esclareça as expectativas desde o início:** como os participantes do Sistema Operacional de Crescimento serão avaliados com base em critérios novos e diferentes, garanta que todos saibam disso desde o primeiro dia. Por exemplo, os membros do Conselho de Crescimento serão responsabilizados por praticar a liderança baseada em perguntas e solicitados a melhorar, se optarem por um monólogo ininterrupto. No entanto, todos precisam ser informados disso de antemão para poderem ajustar seu comportamento de acordo.
- **Obtenha informações do Patrocinador Executivo:** para que todos recebam uma remuneração justa, as expectativas de

desempenho devem ser definidas em colaboração com uma pessoa que tenha um conhecimento profundo do trabalho que está sendo realizado. Seu parceiro de RH não pode deixar de envolver o Patrocinador Executivo nessa tarefa.

- **Defina o que será considerado "bom" e "ruim":** como as pessoas *não* devem ter medo de fracassar no projeto, precisam saber quais comportamentos serão considerados prejudiciais. Por exemplo, construir um protótipo com detalhes demais pode ser considerado um erro digno de uma reprimenda, ao passo que coletar evidências claras de que um experimento não está recebendo verbas suficientes pode ser considerado um comportamento merecedor de um bônus.
- **Recompense as equipes, não as pessoas:** como já dissemos, esse é um trabalho que deve ser feito coletivamente. Em consequência, as recompensas também devem ser coletivas. Isso motiva todas as pessoas a colaborar com mais eficiência e entusiasmo.
- **Divulgue os sucessos:** comunique quando e por que as pessoas que trabalham no Sistema Operacional de Crescimento estão sendo promovidas. Divulgue deliberadamente esses sucessos para que todos da empresa saibam que o trabalho está sendo valorizado.

E, sobretudo no começo, seja flexível e aberto a mudanças. Um sistema de remuneração que até poderia fazer sentido na teoria é capaz de causar grandes estragos na prática. Encontre maneiras não letais de testar suas ideias e aceite os fracassos no projeto. Tudo bem errar. Como já vimos, ninguém sabe direito o que está fazendo.

A transparência é especialmente vital quando se trata da remuneração e das recompensas recebidas pelos participantes do Sistema Operacional de Crescimento, porque isso afeta o recrutamento. Se a empresa como um todo achar que esse tipo de trabalho não levará ao avanço profissional, será difícil atrair novos voluntários quando você estiver pronto para expandir. No entanto, se os funcionários puderem ver com clareza que trabalhar e atuar de maneira empreendedora pode levar a crescimento pessoal, promoções e aumentos salariais, eles ficarão empolgados com a chance de participar.

Medindo o sucesso

Pode parecer relativamente fácil medir o sucesso das equipes da Área de Oportunidade: se as soluções que estão testando e levarem ao mercado em escala forem lucrativas, sucesso!

Só que o sucesso organizacional não é tão simples assim. O objetivo é atrair, reter, desenvolver e conquistar as pessoas certas para o Sistema Operacional de Crescimento. Para tanto, você vai precisar de todos os mecanismos do gerenciamento eficaz, como clareza na descrição de cargos, alinhamento da remuneração, reconhecimento, potencial de avanço na carreira, crescimento profissional e uma boa ideia dos critérios necessários para ter sucesso. Se o seu pessoal estiver crescendo e conseguindo encontrar e criar novos negócios, a organização já deve ser muito boa. Se você criar um ecossistema em expansão composto de empreendedores seriais, a organização terá atingido a excelência.

Sim, você quer o sucesso de seu portfólio de soluções, mas o crescimento das pessoas que gerenciam esse portfólio também deve ser reconhecido. Esse crescimento, bem como as habilidades e o conhecimento que o acompanham, muitas vezes se transformam em novos talentos para os negócios essenciais da empresa.

Quando trabalhamos com a Nike, a empresa tinha identificado e validado uma necessidade concreta e persistente nas escolas para criar o design e produzir pequenos lotes de uniformes para times esportivos e camisetas para os torcedores. Diante desse desafio, começamos a explorar um modelo de venda direta ao consumidor, uma maneira de as escolas criarem e encomendarem exatamente o que precisavam, com preços acessíveis e prazos de entrega rápidos.

A equipe avançou bastante por esse caminho, criando protótipos e modelos para a solução. Só que, em vez de lançá-la como um negócio independente (o que a Nike poderia ter feito com muita facilidade), a empresa viu que incorporar a solução a um negócio essencial implicaria baixo risco e muitos benefícios. E foi o que fez, beneficiando a empresa toda com esse sucesso. Assim, a Nike passou a ter uma visão muito diferente do trabalho do Sistema Operacional de Crescimento. A cofundadora que liderou o processo dedicou-se a explorar outra ideia, levando tudo o que aprendeu à nova Área de Oportunidade.

Ao criar seus próprios protocolos organizacionais, lembre-se de que há uma infinidade de maneiras de medir o sucesso. Se os negócios essenciais estiverem mudando e evoluindo em virtude do trabalho do Sistema Operacional de Crescimento, a empresa pode se beneficiar enormemente. Trabalhamos com muitas empresas que nos contrataram para obter resultados de crescimento, mas acabaram incorporando em seus negócios essenciais enormes benefícios na forma de um pensamento inovador e de valorização da mudança. Quando eles sentem o gostinho desse sucesso, sabemos que levaram o trabalho a sério.

Por fim, esse trabalho organizacional constitui a base do sucesso do Novo ao Grande. A iniciativa capacita os cofundadores a mergulhar de cabeça, ajuda os Patrocinadores Executivos a catalisar o aprendizado e força os membros do Conselho de Crescimento a prestar contas por suas decisões e se tornar líderes ambidestros.

Então, construa essa base antes e leia o Capítulo 9 para aprender como instalar uma capacidade permanente do Novo ao Grande por toda a empresa.

INSTALE UMA CAPACIDADE PERMANENTE DE CRESCIMENTO

Então você decidiu ir em frente. Você se convenceu da eficácia do modelo do Sistema Operacional de Crescimento, sabe por que precisa tanto de empreendedores quanto de venture capitalists na sua empresa e acredita que seus executivos são capazes de se tornar líderes ambidestros. Excelente! Antes de começar a instalar o Sistema Operacional de Crescimento em sua organização, você precisa definir o sucesso. Em outras palavras, precisa definir o que espera alcançar ao criar uma máquina empreendedora dentro de sua organização.

Na maioria dos casos, os objetivos de grande escala estabelecidos pelas empresas em torno da inovação se enquadram em uma das duas categorias a seguir.

- **Novo crescimento:** nesta categoria, o sucesso é definido pelo número de novos negócios que sua empresa lança no mercado. O objetivo é acelerar o crescimento, lançando ofertas inovadoras e centradas no consumidor. Você quer um grande número de apostas, um ROI saudável e uma prova concreta de que sua organização não está presa na estagnação.

- **Capacidade de crescimento:** nesta categoria, o sucesso é definido como a criação de sistemas, ferramentas e estruturas que possibilitem o desenvolvimento constante do portfólio. O objetivo é capacitar sua organização a criar soluções, tendo em mente os pontos de dor do consumidor. Você quer que seus executivos se tornem líderes ambidestros: ao mesmo tempo operadores e criadores. E quer que sua organização seja ágil o suficiente para dar suporte tanto ao Novo ao Grande quanto ao Grande ao Maior. Isso porque, embora você definitivamente tenha interesse em aumentar o número de grandes e lucrativos negócios lançados por sua empresa, seu principal objetivo é desenvolver uma cultura e mecanismos sustentáveis para tornar esse aumento repetível.

Em outras palavras, você quer o peixe ou quer aprender a pescar?

Alerta de *spoiler*: esperamos que você queira as duas coisas. Sim, você precisa de crescimento, e essa sempre deve ser sua principal motivação, mas o verdadeiro valor está na construção de uma máquina que lhe possibilite gerar esse crescimento de maneira confiável e repetidamente. É verdade que nada o impede de montar uma equipe, gerar uma dúzia de ideias inovadoras, entrar em um novo mercado e lançar o beta de uma nova oferta no ano seguinte. Mas não seria melhor construir uma máquina capaz de lançar um portfólio inteiro de ofertas *todos os anos*?

Essa proposta tem um apelo enorme, mas isso não significa que todas as pessoas da organização inteira adotarão o objetivo de desenvolver a capacidade de crescimento desde o início. "Vamos fazer o piloto para esta nova maneira de trabalhar com um pequeno grupo, por determinado período, e ver o que acontece!" é muito mais fácil de vender do que "Vamos mudar a maneira de trabalhar de nossa empresa multibilionária inteira para sempre!" – em grande parte porque a empresa foi concebida e evoluiu para fazer o trabalho atual.

Os sistemas humanos implantados em sua organização foram projetados para dar conta do trabalho do Grande ao Maior. A plataforma de e-commerce, a estratégia de vendas e a máquina de marketing estão todas calibradas para operar o Grande ao Maior. Os sistemas de fabricação, embalagem e logística são projetados para o Grande ao Maior. E, talvez o mais importante, a maneira como seus executivos pensam e tomam decisões é a melhor forma de buscar a lucratividade previsível em um mundo do Grande ao Maior. É bem provável que todos os detalhes de sua empresa tenham sido pensados para obter um crescimento de baixo risco e baixa variação, não o crescimento disruptivo e criador de mercados do Novo ao Grande.

Como observam os professores Clayton Christensen e Stephen Kaufman, da Faculdade de Administração da Harvard, em seu modelo "Recursos, Processos e Prioridades (RPP)", "os mesmos recursos e competências que levam uma organização a conseguir manter as circunstâncias sufocarão sistematicamente as melhores ideias para um crescimento disruptivo. As *capacidades* de uma organização se transformam em suas *incapacidades* no que diz respeito à disrupção".[1]

Jud Linville, ex-CEO da unidade de negócio de cartões de crédito do Citi, apontou para essa dicotomia em suas recomendações para os líderes que estão considerando adotar essa maneira de trabalhar: "A primeira coisa que vocês precisam é entender que qualquer organização vai resistir no começo, porque vocês têm processos e plataformas integrados e pessoas que foram criadas e treinadas para fazer determinadas coisas. Então, entendam a resistência, respeitem a resistência e, em seguida, lidem especificamente com a resistência". Ele também disse que "a segunda coisa é, desde o começo do processo, identificar os diferentes 'disjuntores' que impedem sua organização de avançar com rapidez. Reconheçam que eles estão lá para proteger a organização. Feito isso, deixem claro para a organização que o trabalho do Novo ao Grande não ameaçará esses controles, se vocês construírem o laboratório certo".

Quando pensamos na capacidade de crescimento, nossa primeira reação é pegar todos os mecanismos inerentes à organização, criados para a manutenção e os objetivos do Grande ao Maior, e ajustá-los para possibilitar esse trabalho completamente novo e diferente. Só que é muito melhor criar um "laboratório", como Linville sugere, dedicado exclusivamente ao desenvolvimento do Novo ao Grande, enquanto prepara os sistemas e a cultura do resto da organização para pegar repetidamente quaisquer sucessos e transformá-los em enormes vitórias. O objetivo aqui não é o laboratório em si, mas a capacidade de criar um novo crescimento de maneira permanente e contínua.

Quaisquer que sejam suas metas, você deve explicitá-las com clareza no início desse trabalho. Se um membro do Conselho de Crescimento disser "Eu quero crescimento e receita" e os Patrocinadores Executivos disserem "Queremos capacidade e aprendizado", enquanto os promotores dizem "Quero que as coisas voltem a ser como antes", você vai ficar paralisado. Obter consenso quanto aos objetivos do trabalho e esclarecê-los ao máximo são as coisas mais importantes que você pode fazer para preparar o terreno para o sucesso.

Então, munido de objetivos claros, você está pronto para instalar e lançar o Sistema Operacional de Crescimento, certo? Bem, ainda não. Mais uma equipe crucial precisa ser montada antes de vocês embarcarem na jornada da descoberta e da experimentação.

COMO SABER SE VOCÊ ESTÁ PRONTO PARA TENTAR ISSO?

Você é o baterista de uma banda de jazz e decidiu que vocês deveriam passar a tocar rock. Você pode achar que já está 100% pronto para dar o pontapé inicial nessa mudança porque já estudou e ensaiou as músicas, já analisou os locais onde poderiam tocar e fez pesquisas provando que vocês vão ganhar mais tocando rock do que jazz. Só que, se não conversou sobre a ideia com seus colegas de banda, se eles nunca se interessaram em tocar esse estilo musical que não dominam, se eles adoram tocar jazz e têm medo de mudar, você terá uma longa e cansativa batalha pela frente. Isso não significa que não conseguirá convencê-los, mas você pode ter de investir muito tempo e energia para persuadi-los a embarcar nessa nova empreitada.

Da mesma forma, se você for a única pessoa (ou departamento) de sua empresa empolgada com a perspectiva de incorporar os mecanismos do empreendedorismo e do venture capital para gerenciar novos empreendimentos, vai ser difícil tirar seus planos do papel. Isso não significa que você não vai conseguir, mas pode ter de investir muito tempo e energia para preparar o terreno. E, quando finalmente tiver apoio suficiente, poderá estar exausto demais para se importar e não vai ter um pingo de energia sobrando para seguir em frente com a inciativa.

Assim, para ter uma noção do nível de prontidão, tanto seu quanto de sua empresa, veja quantas das afirmações a seguir são verdadeiras:

- Você leu sobre a metodologia da Startup Enxuta (provavelmente antes de comprar este livro).
- Você já tentou algumas iniciativas de aprendizagem com base em experimentos, de preferência em seu cargo atual ou em sua empresa atual.
- Pelo menos alguns de seus líderes são veementes em sua empolgação com a ideia de incorporar algumas novas estratégias de inovação e táticas de trabalho.
- Você tem algumas áreas isoladas de atividades parecidas com as atividades de startups dentro da empresa, mas elas não estão estruturadas.
- Você busca inspiração e orientação fora de sua organização (em livros, conferências, palestrantes).
- Você pode ver ameaças aos seus negócios vindas de concorrentes ou de outras forças externas, e sua liderança está começando a perceber certa urgência.
- **Bônus:** sua organização contratou recentemente um novo líder que atuava no mundo das startups/tecnologia (ou pelo menos alguém de fora cuja carreira não foi construída galgando a hierarquia de sua empresa).

Se você respondeu "não" a mais da metade dessas afirmações, provavelmente terá uma árdua batalha pela frente. Mas não se desespere! Em vez de abandonar completamente a ideia, concentre-se em obter apoio para ela.

- Semeie algumas dessas ideias no nível da liderança convidando alguém de fora (um venture capitalist veterano, um empreendedor serial, um acadêmico ou palestrante da área) para o próximo encontro ou reunião da equipe de liderança da empresa.
- Participe de conferências para conhecer pessoas e aprender sobre as empresas que estão abrindo o caminho. (E não deixe de se apresentar! Esse trabalho fica muito mais fácil se você puder contar com o apoio de outras pessoas.)
- Visite startups do setor e analise a velocidade na qual elas vão do conceito ao produto e do produto ao mercado, ou das funcionalidades ao teste beta. Melhor ainda, vá com uma parte de sua equipe de liderança para convencê-los de que a velocidade é melhor do que o tamanho quando se trata de descobrir e validar novas ideias.
- Veja a lista de leituras e vídeos recomendados na seção de Referências no fim deste livro.

A Equipe de Operações: os destruidores de obstáculos

Como o trabalho do Sistema Operacional de Crescimento é tão diferente do trabalho corporativo do dia a dia, pode ser oneroso dar início ao processo e levá-lo a progredir. Acontece muito de as empresas não terem a infraestrutura necessária para dar apoio ao trabalho empreendedor, e processos tradicionais, como aprovações de orçamento e aprovações matriciais, podem desacelerar o processo a ponto de paralisá-lo. Mesmo se esses problemas puderem ser contornados, departamentos inteiros podem ser obstáculos a esse trabalho.

Como o Novo ao Grande requer iterações rápidas (e como as equipes das Áreas de Oportunidade trabalharão exclusivamente na descoberta e na experimentação com novas oportunidades de negócios, sem tempo para tranquilizar promotores ou criar infraestrutura), será necessário criar uma Equipe de Operações Especiais, encarregada de impulsionar o Sistema Operacional de Crescimento. Esse grupo deve ser composto de solucionadores de problemas criativos com aptidão para inovar e interesse na inovação. Ele pode ser comandado por um ou dois líderes alocados exclusivamente para essa tarefa, mas você também deve recrutar defensores vindos de departamentos-chave, como jurídico, marketing, TI/segurança, finanças e, é claro, *compliance*, pessoas cujo apoio vai ajudar a facilitar as coisas. Esses defensores são encarregados de pensar em quem ou o que tem potencial para impossibilitar ou dificultar o trabalho e impedir que isso aconteça.

A Equipe de Operações Especiais também deve contar com um Patrocinador Executivo do nível da diretoria dedicado a eliminar quaisquer obstáculos ao trabalho de crescimento. Essa pessoa deve ser um excelente comunicador, alguém que tem muito tempo na empresa, um sujeito gregário que conhece todo mundo e sabe como fazer as coisas acontecerem. Ele será o responsável por possibilitar um novo crescimento líquido para a empresa. E se tornará o maior especialista em tudo o que se refere à máquina do Novo ao Grande na empresa.

A Equipe de Operações Especiais deverá resolver qualquer tipo de problema, como obter a adesão dos líderes seniores, garantir o pessoal adequado para trabalhar nas Áreas de Oportunidade e propor soluções para empecilhos na experimentação. Por exemplo, muitas equipes de Áreas de Oportunidade optam por criar protótipos rudimentares de sites para testar suas soluções. Como os sites são feitos para coletar dados sobre o comportamento e as preferências do usuário, podem surgir algumas questões legais espinhosas. Qualquer site que colete endereços de e-mail é obrigado por lei a alertar os usuários de que isso será feito, numa política de privacidade. Na Califórnia, a política de privacidade também deve especificar se endereços de IP (por exemplo, o SurveyMonkey, uma ferramenta que utilizamos com frequência, coleta IPs) ou informações analíticas de usuários individuais serão envolvidos

> na coleta. Como a Equipe de Operações Especiais normalmente inclui um representante do departamento jurídico, essa pessoa pode elaborar rapidamente uma política de privacidade adequada ao experimento e que atenda às necessidades da empresa.

Observação importante: o líder da Equipe de Operações Especiais e o Patrocinador Executivo devem ter começado a atuar *antes* do início da experimentação da Área de Oportunidade. Não tente montar às pressas uma Equipe de Operações Especiais depois do primeiro contratempo. O pessoal que está trabalhando nos processos de Descoberta e Validação precisará de apoio ativo desde o primeiro dia. Seja proativo e crie essa equipe destruidora de barreiras antecipadamente.

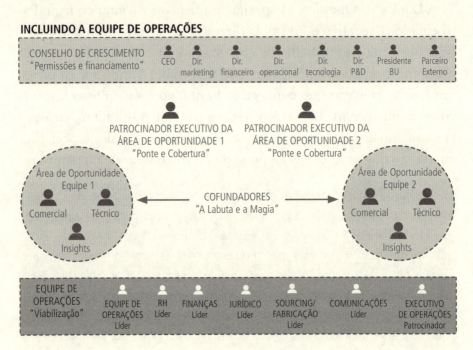

Mas essa equipe é realmente necessária? As equipes de Áreas de Oportunidade ou seus Patrocinadores Executivos não podem ir derrubando os obstáculos que vão surgindo? Não, eles não podem. Não sobrecarregue os cofundadores deixando a eles a árdua tarefa de derrubar as barreiras. Se tiverem de negociar para obter a permissão das funções de apoio, só terão tempo para fazer isso. A experimentação e a aprendizagem ficarão em segundo plano, e o processo todo ficará paralisado. A Equipe de Operações Especiais existe para que as equipes de Áreas de Oportunidade possam fazer seu trabalho com rapidez e a baixo custo, livre de atritos organizacionais.

Portanto, antes mesmo de começar a fazer o brainstorming para definir as Áreas de Oportunidade e recrutar cofundadores, monte uma equipe de destruidores de obstáculos. O trabalho dessa equipe é abrir o caminho para o processo avançar rapidamente.

CARACTERÍSTICAS DOS MEMBROS DA EQUIPE DE OPERAÇÕES

Inovador: não tem medo de contestar o *status quo*, questionar premissas e gerar novas ideias, analisando as questões de vários ângulos diferentes.

Conector: reflete sobre as experiências, os aprendizados e as ideias. Concentra-se em processar essas informações, obtendo insights mais profundos sobre os problemas do consumidor, possibilidades de solução e novos modelos de negócio.

Catalisador: não tem medo de contestar o *status quo* para ajudar as equipes a identificar e validar novas oportunidades disruptivas de crescimento.

Balizador: não só é capaz de trabalhar nesse ambiente iterativo e não estruturado, como também se dispõe a dar apoio às equipes no decorrer de todo o processo.

Movedor de Montanhas: está sempre disposto a identificar e remover barreiras, mesmo quando o processo não é claro, e permite que as equipes atinjam seus objetivos.

Divulgador: dissemina a mentalidade do Sistema Operacional de Crescimento e transita por toda a organização para difundir essas ideias.

Agora você está pronto. Você se encarregou dos preparativos, montou o Conselho de Crescimento e a Equipe de Operações Especiais com as pessoas certas, e seus cofundadores da Área de Oportunidade não veem a hora de começar. Veja como deve ser a primeira fase desse novo trabalho.

Fase 1: Configure um piloto

O melhor conselho que podemos dar para iniciar o *rollout* é: comece pequeno. Você pode encontrar tanta resistência que começar pequeno será a sua única opção, mas, mesmo se acontecer de a organização inteira se empolgar imediatamente com a ideia, seja esperto e pegue leve. Não aloque meia dúzia de equipes para trabalhar nas Áreas de Oportunidade, não planeje como esse trabalho será realizado daqui a dois anos e não convide de antemão pessoas para participar de todos os níveis de atividades do Sistema Operacional de Crescimento. Dê ao piloto um prazo de nove meses e mantenha todos focados.

O objetivo dessa primeira fase do trabalho é simplesmente ajudar as pessoas a se situar. Não é fácil assumir um novo cargo e fazer um trabalho diferente. Seu primeiro grupo de equipes do Novo ao Grande deve se sentir à vontade, engajado e informado dos acontecimentos antes de você começar a pensar em levar esses processos ao próximo nível. Crie um pequeno *sandbox*[*] (caixa de areia) independente e concentre-se em fazer com que todos tenham uma boa ideia do que farão e de como as coisas funcionam.

Para criar esse *sandbox*, você precisará responder a algumas perguntas. Onde o *sandbox* ficará hospedado? Quem ajudará a construí-lo? Quais recursos estão disponíveis para fazer isso? Basicamente, seus primeiros passos na criação de um piloto para o trabalho do Novo ao Grande se concentrarão no diagnóstico e na configuração.

---

[*] Termo da computação, *sandbox* se refere a um ambiente isolado em que novos programas podem ser testados sem afetar o restante do sistema. [N. E.]

DETALHES DO PILOTO
Prazo: de 6 a 12 meses

PRIORIDADES RELATIVAS ÀS CAPACIDADES: DIAGNÓSTICO E CONFIGURAÇÃO
Alinhe os objetivos do piloto: a liderança precisa definir como será o sucesso.
Monte a Equipe de Operações Especiais: encontre seus ninjas e destruidores de barreiras.
Apresente a mentalidade de crescimento e o modelo do sistema operacional: todos devem trabalhar seguindo a mesma estratégia.
Faça um piloto para testar os integrantes e os modelos de financiamento: lembre-se de fazer a coisa fácil que seja boa o bastante!
Identifique recursos e lacunas internas: o que você tem e do que precisa?

PRIORIDADES RELATIVAS AO CRESCIMENTO: DESCOBERTA E DEFINIÇÃO DE ÁREAS DE OPORTUNIDADE
Conselho de Crescimento (no nível da empresa): comece com um Conselho de Crescimento composto de membros da alta administração, sob a responsabilidade do CEO.
Equipe de Operações Especiais (no nível da empresa): os membros dessa equipe serão seus especialistas internos do Novo ao Grande.
Áreas de Oportunidade (1 ou 2): comece com apenas uma ou duas Áreas de Oportunidade no piloto e aumente esse número depois, se quiser.
Equipes de Área de Oportunidade (2 ou 3): monte algumas equipes para que seu piloto não perca o rumo se um ou dois cofundadores não vingarem. (Você pode alocar mais de uma equipe a uma Área de Oportunidade.)
Concentre-se em definir as metas e as métricas do portfólio: em quantas apostas queremos trabalhar e qual será o prazo aproximado?

Diagnostique seu ponto de partida

Para lançar novos negócios, você precisa ter os recursos necessários para incubar essas empresas em pequena escala. (Ou seja, é preciso levá-las ao patamar do Novo ao Grande antes de poder conduzi-las do Grande ao Maior.)

9 | Instale uma capacidade permanente de crescimento   197

É provável que sua empresa já tenha alguns recursos e competências para ajudar nesse trabalho. Em vez de jogar tudo fora e começar do zero, é muito melhor fazer um inventário das pessoas, dos recursos e das redes que sua organização já tem para dar apoio à inovação e catalogar os mecanismos, as pessoas e as partes existentes da infraestrutura que podem ser usadas no trabalho do Sistema Operacional de Crescimento. Por exemplo, sua empresa já pode ter recursos de prototipagem ou uma equipe de designers e desenvolvedores que você poderia mobilizar para compor uma equipe de experimentação. Ou sua equipe pode ter um ou dois advogados inovadores que adorariam ajudar na simplificação de processos para fazer testes rápidos de novos produtos e serviços no mercado. Você também precisa identificar as principais lacunas de capacidade e criar um plano para reduzi-las.

Além desse mapeamento interno, faça uma lista de pessoas e organizações externas que poderiam contribuir com ideias ou assistência. Empreendedores que a liderança da sua empresa conhece, startups da área ou que têm algum vínculo com sua organização, possíveis parcerias acadêmicas e até investidores-anjos da região. Considerando que no começo você não tem como saber ao certo quais tipos de suporte serão necessários para viabilizar o trabalho do Novo ao Grande, monte um arsenal de conhecimentos, aliados e especialistas. Ao lado da Equipe de Operações Especiais, essas pessoas serão essenciais para eliminar obstáculos e orientar as equipes de Áreas de Oportunidade e o Conselho de Crescimento com uma perspectiva externa.

Nada é secreto, nada é sagrado

As equipes dos projetos do Novo ao Grande atuarão em um *sandbox* separado do resto da organização. Muitas regras organizacionais não se aplicarão a elas, seus padrões de desempenho serão diferentes e o trabalho delas será muito distinto do das outras equipes da empresa. Essas equipes são especiais, diferentes, diferenciadas e, portanto, ao mesmo tempo fascinantes e ameaçadoras para a maioria dos promotores. Todas as pessoas que ficaram de fora do círculo querem entrar ou pelo menos *ser informadas* exatamente do que está acontecendo lá dentro. Caso contrário, elas podem entrar em pânico, reclamar e resistir.

Como dissemos no Capítulo 8, é fundamental que todos saibam o que está acontecendo. A instalação do Sistema Operacional de Crescimento é um processo que ocorre em vários níveis, em várias unidades de negócio e que afeta a empresa toda, direta ou indiretamente. Deixar de esclarecer as dúvidas das outras pessoas da organização com rapidez, clareza e empatia fará com que essas dúvidas a se multipliquem, resultando em mais perguntas, mais ansiedade, mais obstáculos, mais tempo perdido. Além disso, tratar todas as pessoas do piloto como se fossem celebridades e todas as que ficaram de fora do piloto como meros peões leva a divisões e gera desconfiança.

Pelo que vimos, os dois maiores impedimentos ao crescimento são objetivos desalinhados e mal-entendidos. Quando grupos diferentes, realizando o trabalho do Novo ao Grande, têm ideias diferentes sobre os objetivos do trabalho, você acaba com facções, atritos e resultados inferiores.

A melhor maneira de evitar esse desastre é ser estratégico em suas comunicações: sem segredos, sem absurdos elitistas, sem papo furado. É importantíssimo elaborar uma estratégia de comunicação eficaz para conquistar adesão, criar alinhamento interno e direcionar os rumos da história de crescimento da organização, tanto interna quanto externamente. Parte dessa estratégia envolve criar o branding do trabalho.

Com isso, todos terão uma linguagem em comum para discutir os acontecimentos, fazer perguntas específicas e entender as respostas recebidas. Uma vez criado um branding, a iniciativa deixa de ser vista como mero passatempo e passa a ser um verdadeiro programa de crescimento; portanto, digna de respeito. Pensando assim, dê ao programa um nome de marca memorável, que reflita a personalidade e a missão de sua empresa. Dê a ele a respeitabilidade e a seriedade que ele merece.

Documente agora, ensine depois

Se o piloto tiver sucesso, você expandirá o trabalho do Novo ao Grande para além das equipes e das Áreas de Oportunidade iniciais, estendendo o sistema operacional à empresa toda para promover o crescimento em todas as unidades de negócio. A menos que você queira reinventar a roda toda vez que um novo grupo for incorporado, precisará documentar os processos e fazer uma análise completa e profunda.

Sim, todos terão de passar pelo desconforto da transição. Não há como escapar disso. Nos primeiros nove meses, eles vão tentar e fracassar, vão aprender e se recompor, vão pivotar e ajustar as novas táticas. Encontrar e capitalizar uma nova oportunidade viável de negócio é um dos objetivos da Equipe de Operações Especiais, mas o outro é atuar como cobaia com foco no processo, vivendo essa nova metodologia, identificando os problemas e fazendo o possível para resolvê-los.

Essas primeiras equipes devem ser capazes de ensinar a próxima turma a fazer o trabalho do Novo ao Grande de maneira compatível com os procedimentos, recursos, metas e pessoas de sua empresa. E, sem uma documentação sobre o que funcionou, o que não funcionou e o que nem foi tentado, será muito difícil fazer isso.

Fazer o trabalho é empolgante. *Documentar e pós-processar* o trabalho não é. No entanto, se você fizer um sem o outro, poderá até ter um sucesso isolado, mas a expansão será um fracasso.

Vá devagar para ir rápido

Outro benefício da documentação é que ela força todos os envolvidos a avançar devagar e com atenção, refletindo sobre cada passo, em vez de sair correndo às cegas e torcendo para que tudo dê certo. A fase piloto (aqueles nove primeiros meses) deve ser ponderada e constante. Deve ser uma corrida em terreno acidentado, não um sprint de 50 metros em pista asfaltada. Selecione as Áreas de Oportunidade, avance um pouco na Validação e convoque algumas reuniões do Conselho de Crescimento, mas não tente fazer muito mais do que isso nessa fase. O piloto é como aquelas rodinhas laterais para aprender a andar de bicicleta. Seu objetivo é criar confiança, ensinar os mecanismos e fazer com que todos fiquem à vontade pedalando. Como cada participante aprende em um ritmo diferente, o processo para deixar as pessoas à vontade deve ser gradual e bem pensado. A ideia é promover decisões e aprendizado rápidos *em algum momento*, mas precisamos ir devagar no começo, a fim de possibilitar essa velocidade no futuro.

Uma vantagem de controlar o ritmo desse trabalho é que essa abordagem lhe permite personalizar, corrigir o rumo e pivotar. Você pode descobrir que alguns dos processos e recomendações descritos neste livro forçam demais algumas engrenagens de sua empresa, e, se for o caso, sugerimos criar soluções alternativas.

Por exemplo, pode ser que você já tenha feito algum trabalho exploratório, pesquisando os problemas atuais dos clientes, e queira usar a nova mentalidade do Sistema Operacional de Crescimento nos projetos existentes. Se for o caso, você pode pegar um projeto que já esteja em andamento, pausá-lo e reestruturá-lo como uma Área de Oportunidade. Veja-o através das lentes dos pontos de dor do cliente e pergunte: "Do que esse cliente precisa? Como estamos tentando resolver essa necessidade com este produto ou serviço?". Ao reestruturar o projeto como uma Área de Oportunidade, você dá à equipe permissão para explorar outras soluções possíveis.

Se tentar se apressar nos primeiros passos do piloto, perderá aprendizados importantes e concederá um tempo de ajuste dolorosamente insuficiente para suas equipes. Será muito melhor coletar evidências de que essa nova abordagem acelera e reduz o custo da aprendizagem. Permita que as equipes tenham uma visão mais ampla para encontrar novas soluções do que poderiam propor antes de usar a metodologia do Sistema Operacional de Crescimento.

9 | Instale uma capacidade permanente de crescimento   201

Fase 2: Expanda a mentalidade para as unidades de negócio

Depois que suas equipes iniciais mostraram que estão à vontade com o processo, demonstraram um impacto concreto e passaram a ensinar os outros, é hora de espalhar a alegria do Novo ao Grande pela empresa. Essa próxima fase é especialmente importante se você estiver focado em cultivar a capacidade de crescimento, pois é aqui que você disseminará essa nova base de conhecimentos para um grupo mais amplo dentro da sua organização. No entanto, essa fase também será importante, mesmo se você continuar focado no novo crescimento líquido. Afinal, uma ou duas equipes de Área de Oportunidade têm suas limitações. Se a ideia for aumentar o número de apostas, você precisará de mais equipes para fazer tanto.

Com base no trabalho, nos processos e nos resultados claramente documentados da fase piloto, decida o que repetir e o que abandonar. Em seguida, comece a discutir como expandir e quais unidades de negócio são as mais promissoras para se transformar em verdadeiras potências do Novo ao Grande.

DETALHES DA EXPANSÃO
Prazo: de 12 a 18 meses

PRIORIDADES RELATIVAS ÀS CAPACIDADES: EXPERIMENTAÇÃO E APRENDIZAGEM
Modelo codificado do sistema operacional: a documentação do piloto elaborada pela Equipe de Operações Especiais precisa ser revista e codificada em um modelo que mostra o funcionamento do Sistema Operacional de Crescimento em sua organização.

Métodos, sistemas e treinamento de Validação estabelecidos: os métodos e as ferramentas utilizadas pelos cofundadores devem ser codificados em treinamentos e ações de replicação para o próximo grupo de cofundadores.

Expansão por novas regiões geográficas/unidades de negócio: à medida que novas regiões geográficas/unidades de negócio criam Áreas de Oportunidade, a Equipe de Operações Especiais precisará expandir seus recursos e processos para lhes dar suporte (por exemplo, as equipes que estiverem fazendo experimentos na Europa precisarão de suporte jurídico para se adequar a diferentes leis de privacidade).

Evolução dos "laboratórios" de Sistemas Humanos: as soluções "boas o bastante" que a equipe de RH usou no piloto evoluem e se transformam em experimentos e sistemas mais formalizados para buscar e desenvolver talentos.

Programa de comunicações: este é o momento de começar a disseminar o trabalho do Sistema Operacional de Crescimento de maneira mais ampla dentro da organização.

PRIORIDADES RELATIVAS AO CRESCIMENTO: PORTFÓLIOS SAUDÁVEIS

Conselhos de Crescimento (no nível da empresa e no nível das unidades de negócio): agora que seu primeiro Conselho de Crescimento está bem consolidado, crie Conselhos de Crescimento no nível de liderança da unidade de negócio para as unidades de negócio nas quais você deseja implantar a iniciativa.

Equipes de Operações Especiais (no nível da empresa e no nível das unidades de negócio): deixe que a Equipe de Operações Especiais da empresa ensine as novas Equipes de Operações Especiais no nível das unidades de negócio.

Áreas de Oportunidade (de 2 a 5 por unidade de negócio): assim como foi feito no piloto, comece com algumas Áreas de Oportunidade em novas unidades de negócio e vá incluindo outras com o tempo.

Portfólio de soluções por Área de Oportunidade (orgânico e inorgânico): cada Área de Oportunidade deve ter um punhado de soluções ativas nos estágios de semente, além de monitorar as apostas inorgânicas (investimentos/parcerias/aquisições).

Monitoramento continuado para ajustar as Áreas de Oportunidade: o Monitoramento não é um processo único e isolado. Os cofundadores precisam monitorar as atividades de startups, fluxos de investimento, avanços tecnológicos e mudanças na legislação que têm o potencial de afetar ou redirecionar as Áreas de Oportunidade.

9 | Instale uma capacidade permanente de crescimento

Faça o rollout *em estágios e com cuidado*

Presumindo que você tenha conseguido criar um branding para esse trabalho todo e tenha divulgado com empolgação o progresso e os sucessos à empresa inteira, algumas unidades de negócio podem estar ansiosas para embarcar e implantar a metodologia do Sistema Operacional de Crescimento em seus respectivos negócios. É ótimo ver esse entusiasmo, e é algo que você sem dúvida vai querer nos participantes da Fase 2, mas o entusiasmo por si só não basta.

Você precisará firmar parcerias com unidades de negócio que tenham ao mesmo tempo potencial de crescimento e estabilidade comprovada. Você quer grupos que já estejam fazendo um trabalho relativamente bom (não aqueles que mal conseguem atingir as metas de receita), de modo que eles tenham recursos e espaço de manobra para tentar algo novo. E você precisa trabalhar com grupos que já tenham alguma visão e algumas das habilidades e conhecimentos necessários para fazer do Novo ao Grande um sucesso. Pessoas com visão de futuro, líderes orientados ao crescimento e uma infraestrutura flexível são todos fatores necessários aqui. O entusiasmo é indispensável, mas a capacidade de experimentação também. Escolha estrategicamente as unidades de negócio que poderão participar da Fase 2.

Em seguida, crie e execute o equivalente a um piloto (Fase 1) em cada unidade de negócio. Se você tiver sete unidades de negócio prontas para entrar em ação, não as coloque todas no piloto de uma só vez. Faça o *rollout* em estágios. Considere incluir duas unidades a cada seis meses para facilitar a administração da expansão, especialmente para as equipes iniciais, que terão de trabalhar duro ensinando os colegas a fazer um novo trabalho. Se suas equipes da Fase 2 receberem tempo suficiente para dominar o processo, elas poderão ser recrutadas para ensinar o próximo grupo de equipes e liberar as equipes inicias para se encarregar de outras coisas. A construção da capacidade de crescimento implica possibilitar que cada vez mais aprendizado seja compartilhado internamente por um número cada vez maior de pessoas. É isso que possibilitará que o seu Sistema Operacional de Crescimento se mantenha o tempo todo ligado, em plena atividade e descobrindo novas oportunidades de negócios.

Diversifique por meio do crescimento inorgânico

Passamos alguns capítulos sem falar sobre seu portfólio de empreendimentos, não é mesmo? Chegou a hora de retomar esse importantíssimo conceito. A Fase 2 é o momento perfeito para explorar novas maneiras de garantir que suas apostas em cada Área de Oportunidade sejam diversificadas, o que inclui investir em empresas relevantes, formar parcerias com elas e adquiri-las.

Achamos melhor não encher o texto de lembretes para procurar apostas fora das paredes da empresa, porque é preciso começar construindo o crescimento orgânico. Monte o Conselho de Crescimento, domine os processos de Descoberta e Validação, tenha uma visão clara do cenário da Área de Oportunidade e crie uma ou duas soluções antes de pensar em adquirir os concorrentes. Se não fizer isso, suas parcerias podem esmagar as startups com processos do Grande ao Maior, seus investimentos em outras empresas serão demorados e dispendiosos e suas aquisições serão, na melhor das hipóteses, diluídas e, na pior, absolutamente desastrosas. Comece com o orgânico e só depois passe para o inorgânico.

Uma vez que tenha um portfólio de apostas orgânicas e um bom entendimento do cenário com base no processo de Validação, você deve começar a pensar em fusões, aquisições e investimentos em outras empresas. Em quais startups existentes você poderia investir para aumentar o número de apostas de seu portfólio? Quais empresas você poderia comprar que estão criando uma solução validada em sua Área de Oportunidade? Como você poderia firmar uma parceria com startups para que possam aprender juntos com rapidez e a baixo custo? Na Fase 2, as apostas inorgânicas complementam suas apostas orgânicas.

Fase 3: Escale o Sistema Operacional de Crescimento

Depois de replicar o piloto do Sistema Operacional de Crescimento em algumas unidades de negócio e já conseguir ver algum progresso, você estará pronto para escalar o modelo para o restante da organização. Como isso pode ser feito? Apresentaremos algumas diretrizes gerais, mas, normalmente, esse estágio difere de uma empresa para outra porque depende da maneira como o sistema operacional foi configurado e personalizado nas duas primeiras fases.

DETALHES DO AUMENTO DA ESCALA
Prazo: 18 a 24 meses

OBJETIVOS REFERENTES ÀS CAPACIDADES: *ROLLOUT* NA EMPRESA

Implantação da mentalidade e dos mecanismos do Sistema Operacional de Crescimento por toda a empresa: essa é a sua chance de estender a mentalidade do Novo ao Grande por toda a organização, para que as pessoas entendam e valorizem o trabalho feito no Sistema Operacional de Crescimento (e possam aplicar as ferramentas ao seu próprio trabalho quando for relevante).

Criação de um grupo de coaches: os melhores cofundadores das Fases 1 e 2 têm a chance de assumir o papel de coach, atuando como consultores internos para os novos cofundadores que ingressarem no programa.

Manual do Sistema Operacional de Crescimento para codificar os aprendizados: pegue os sistemas e os processos codificados do Novo ao Grande e crie um manual que as equipes possam consultar à medida que a iniciativa é expandida.

Programa maduro de talentos (relatórios, incentivos, avaliações, promoções): seus sistemas de RH do Novo ao Grande passaram de "bom o bastante" a repetíveis, sustentáveis e escaláveis.

OBJETIVOS REFERENTES AO CRESCIMENTO: LANÇAMENTO DE NOVOS NEGÓCIOS

Conselhos de Crescimento (no nível da empresa e no nível da unidade de negócio por toda a empresa): cada unidade de negócio tem seu Conselho de Crescimento, e toda a organização sabe que esse é o novo mecanismo de financiamento para novas oportunidades.

Equipes de Operações Especiais (no nível da empresa e no nível da unidade de negócio para dar apoio ao sistema operacional): cada unidade de negócio tem a própria Equipe de Operações Especiais para dar apoio ao trabalho feito pelo grupo, e todos compartilham as melhores práticas e os aprendizados com as Equipes de Operações Especiais espalhadas pela organização inteira.

Portfólio robusto de soluções por Área de Oportunidade (orgânicas e inorgânicas): os portfólios das Áreas de Oportunidade são saudáveis e os Conselhos de Crescimento veem um conjunto robusto de apostas que pode ser usado para promover o crescimento.

Lançamento de 4 a 6 negócios: dependendo da escala e da velocidade do *rollout*, a essa altura o Sistema Operacional de Crescimento já deve ter conduzido um punhado de negócios à fase de desenvolvimento (beta).

Criação da Incubadora de Desenvolvimento (sistemas, governança, talentos etc.): na Fase 3, o *sandbox* deve ser formalizado e transformado numa incubadora com os sistemas, a governança e o grupo de talentos necessários para fazer apostas validadas desde os estágios de semente até desenvolvê-las em negócios.

Estudo de caso: o D10X no Citi

O trabalho de escala vai depender *muito* da organização, variando de acordo com o que sua empresa faz e de como ela se posiciona no mercado. No entanto, como pode ser difícil imaginar o processo de *rollout* sem alguns detalhes concretos, vamos dar uma olhada na maneira como o Citi conseguiu escalar seu Sistema Operacional de Crescimento. A empresa fez um trabalho fenomenal, conduzindo o processo desde o piloto e então cultivando-o e instalando-o como uma capacidade permanente de crescimento de toda a empresa.

Há muito tempo, o Citi tem o compromisso de trazer soluções de fora e inovar com base nas necessidades do cliente. Em 2010, a Citi Ventures foi fundada pela primeira diretora de inovação da empresa, Debby Hopkins: "O Citi tem mais de 200 anos de experiência trabalhando com pessoas físicas, pessoas jurídicas e governos.

Percebemos desde o começo que, para impulsionar o crescimento, precisávamos reformular esse conhecimento de novas maneiras que fossem altamente relevantes para nossos clientes. A questão era como fazer isso".

Hopkins montou um escritório no Vale do Silício, onde estruturou uma equipe com diversos especialistas em inovação e investimentos de venture capital, vindos de empresas como a Apple, o eBay, a HP, a Target, e empresas de capital de risco. O investimento de venture capital deu ao Citi um lugar na primeira fila para assistir à disrupção na prática, podendo acompanhar de perto novos modelos de negócio e produtos sendo criados pelos empreendedores. "Só que, apesar de termos muitas atividades em andamento e grandes talentos com habilidades relevantes, o que parecia era que toda essa inovação não estava causando um grande impacto. E o impacto em uma empresa gigantesca requer uma metodologia que possa ser compartilhada por toda a organização. O que estava faltando era uma plataforma horizontal que nos permitisse adotar uma maneira estruturada e compartilhada por toda a empresa para criar coisas e levá-las ao mercado."

Em 2014, em um evento organizado pelo investidor Ben Horowitz, Hopkins falou sobre suas dificuldades com Beth Comstock, que imediatamente declarou: "Você precisa conhecer o David Kidder". Alguns dias depois, Hopkins me ligou enquanto eu esperava um táxi no aeroporto de São Francisco, onde eu ficaria alguns dias participando de reuniões. "Oi, preciso falar pessoalmente com você!", ela disse assim que atendi o telefone. Entrei no táxi e, em vez de ir para São Francisco, fui ao Vale do Silício, onde a encontrei para um jantar no Fleet Street Café, na cidade de Menlo Park. Durante o jantar, esboçamos na toalha de mesa de papel os componentes do Sistema Operacional de Crescimento e analisamos como Hopkins poderia adaptá-los às necessidades do Citi. Hopkins lembra que uma luz se acendeu em sua cabeça quando ela reconheceu que poderia usar os Conselhos de Crescimento para que as unidades de negócio se responsabilizassem pelos próprios portfólios de inovação enquanto se beneficiavam de um Sistema Operacional de Crescimento compartilhado.

Essa ideia de que um impacto duradouro dentro de uma organização estabelecida requer uma maneira compartilhada de trabalhar levou à fundação do D10X, um programa gerenciado pela Citi Ventures, baseado no conceito do Sistema Operacional de Crescimento e cujo nome remete ao seu foco na descoberta de soluções dez vezes melhores para os clientes. (É isso mesmo!) O modelo de crescimento permitiu que o Citi acolhesse a inovação, tanto externa quanto interna, e criasse a estrutura e a segurança necessárias para dar apoio aos funcionários à medida que eles testavam suas ideias.

No começo, as equipes responsáveis pela construção do D10X tinham mais perguntas do que respostas, o que é muito natural. Mesmo assim, mergulharam destemidas na empreitada e lançaram seis Conselhos de Crescimento no primeiro ano. Em seguida, elas se puseram a treinar funcionários para aprimorar, testar e apresentar suas ideias. As equipes sabiam que, com o tempo, precisariam melhorar muito o programa (e o programa continua sendo aperfeiçoado até hoje), mas, nos primeiros 12 a 18 meses, grande parte do trabalho parecia vago e nebuloso.

Em 2016, Hopkins se aposentou, e Vanessa Colella assumiu como diretora de inovação do Citi e diretora da Citi Ventures. "Em termos dos trabalhos preparatórios, David e a equipe da Bionic foram fundamentais para nos mostrar, de maneira estruturada, os desafios de construir novos negócios ao mesmo tempo que operamos na escala de uma grande corporação como o Citi", Colella explica. "Grande parte desse trabalho inicial envolveu uma mudança de mentalidade; definir a nova diretriz necessária para explorar uma ideia completamente inovadora, em oposição à orientação necessária para gerenciar um negócio em grande escala. A experiência teve um valor imenso para nós da Citi Ventures e para nossos colegas e líderes do banco com um todo."

Ela também ressalta que, na maioria dos casos, uma empresa do tamanho do Citi provavelmente adiaria o lançamento até que um plano meticuloso de longo prazo fosse criado, a empresa tivesse uma boa ideia de quantas pessoas teriam de ser contratadas e fizesse uma avaliação do tempo necessário para a empreitada.

"Não fizemos isso nas nossas startups internas e erramos demais no começo", ela admite. "Mas aprendemos muito e colaboramos em estreito contato com nossos colegas das unidades de negócio para formar o D10X de maneira a beneficiar os empreendimentos deles."

Como as equipes do D10X lidaram com esses contratempos e fracassos iniciais? Com uma franqueza radical. Eles conquistaram a permissão de errar porque, desde o primeiro dia, deixaram claro o que estavam tentando realizar. E também permaneceram deliberadamente atentos ao feedback quando as coisas não estavam dando certo e pivotaram quando viram que era necessário mudar.

E como o D10X se tornou uma máquina de crescimento permanente e contínua ao lado dos negócios essenciais corporativos do Citi? Bem, o processo envolveu tempo, tentativas e erros. Ao mesmo tempo que as equipes administravam a unidade, orientavam os funcionários e cultivavam suas ideias, a empresa coletava ativamente o maior volume possível de dados e insights sobre o que estava e o que não estava funcionando para impulsionar o trabalho. Desde o início, o Citi documentou e analisou o trabalho do D10X com o objetivo de saber como expandi-lo e escalá-lo.

Criar um grupo de coaches empreendedores experientes também impulsionou o sucesso da escala. Colella explica que contrataram "uns 25 ex-empreendedores que atuam como orientadores para nossas equipes e cofundadores. Eles ajudam a trazer a experiência prática do mundo real. Eles sabem como é vender a ideia a venture capitalists, sabem como é arrecadar fundos e sabem que é preciso ser otimista, apaixonado e humilde para criar um produto".

Esses coaches ajudam as equipes do D10X a aprimorar, validar e testar suas ideias, mas também as orientam a procurar continuamente ideias e comportamentos fora da empresa. Eles mostram aos funcionários do Citi como ser absolutamente apaixonados por seus empreendimentos ao mesmo tempo que mantêm um nível extraordinário de empatia, sem tirar os olhos do mercado. Eles já sentiram na pele a dificuldade de saber como executar esse trabalho e foram fundamentais para ensinar os participantes do D10X a equilibrar interesses conflitantes.

Por fim, para escalar a inovação as equipes se comprometeram com a visão de moldar o futuro das finanças e puderam contar com um amplo apoio da empresa para qualquer coisa que melhorasse o atendimento ao cliente do Citi. Essa atitude e essa visão compartilhadas permitiram que a empresa atraísse talentos, lideranças e recursos.

Os líderes da empresa não hesitam em apontar que o D10X tem uma cultura bastante específica e que as táticas que deram certo no Citi podem não ser aplicáveis a outra empresa. No entanto, no que diz respeito à escala, Colella diz que a ideia da prestação de contas também foi fundamental para possibilitar que o Citi expandisse sua capacidade de crescimento, e essa mudança de mentalidade pode igualmente beneficiar outras organizações. Ela enfatiza a importância da mentalidade de prestação de contas compartilhada pela equipe e o compromisso em confiar nos seus membros enquanto eles fazem experimentos e executam o trabalho.

Segundo Colella, "o segredo para inovar em uma empresa como o Citi é deixar que nossa base de funcionários inove. É como quando seu filho vai para a faculdade. Você espera ter feito de tudo para prepará-lo para o mundo, mas precisa deixá-lo ir. É assim que eu penso sobre o D10X. Não estamos tentando escalar um programa centralizado; estamos tentando escalar pela empresa toda uma maneira de resolver problemas. Esse foi o objetivo desde o começo".

O Citi não quer usar o D10X para substituir o sistema de negócios existente. A empresa adotou o modelo de empreendedorismo e de venture capital como uma forma de gerenciamento do Novo ao Grande, mas nunca procurou substituir o sistema operacional do Grande ao

Maior, uma abordagem que foi essencial para que o trabalho no crescimento pudesse ser ao mesmo tempo sustentável e escalável.

Exemplo de uma startup do D10X

O D10X lançou muitas startups, mas uma que vem se mostrando particularmente bem-sucedida é a Proxymity. Ela foi fundada por dois funcionários do Citi, Dean Little e Jonathan Smalley, que achavam que o voto por procuração é um processo complicado e antiquado.

Um rápido resumo do conceito do voto por procuração (*proxy voting*): se você tiver ações de uma empresa, receberá pelo correio, pelo menos uma vez por ano, um imponente pacote de documentos descrevendo decisões específicas que a empresa deseja tomar, com opções para cada decisão. Como acionista, você é convidado a votar usando uma cédula que deve devolver pelo correio. O documento é inevitavelmente extenso e complicado, o que pode intimidar até os acionistas mais bem informados. Muitos deles têm dificuldade de saber como votar ou até no que estão votando. Os investidores institucionais sofisticados costumam contratar consultores terceirizados para ajudá-los a entender os itens específicos da pauta e decidir como votar para que seu voto se alinhe com seus valores e interesses. Se você decidir votar, sua cédula passará por vários intermediários antes de retornar à organização original. O processo leva uma eternidade e tem alto potencial de inserir erros. Além disso, também é muito caro.

Para os investidores institucionais clientes do Citi (que podem administrar centenas, milhares ou até dezenas de milhares de cédulas em nome de seus clientes), esse processo é extremamente oneroso. No entanto, os investidores individuais ainda precisam expressar sua opinião, especialmente no cenário atual, em que a transparência corporativa é valorizada e os investidores querem ter voz nas decisões ambientais, sociais e de governança das empresas.

A equipe do D10X queria agilizar e dotar esse processo crucial de governança corporativa de uma precisão real em termos de tempo. Então, o time desenvolveu a Proxymity como uma plataforma on-line para criar uma conexão direta entre as empresas e os acionistas. A ferramenta possibilita que os investidores visualizem uma pauta de reunião digital e votem digitalmente, dando à organização uma visão mais clara do que os acionistas pensam das decisões da empresa. O processo todo é validado e concluído com uma confirmação dos votos após a assembleia de acionistas.

Depois de identificar a natureza confusa e ineficiente do processo de voto por procuração como um ponto de dor do cliente (Descoberta) e de fazer testes para criar uma solução radicalmente diferente (Validação), o D10X desenvolveu e lançou a Proxymity em 2017. A startup deu apoio a cerca de 200 assembleias de acionistas no Reino Unido em 2018.[2]

A Proxymity é só uma das quase cem startups ativas em todos os principais negócios do Citi, e o D10X planeja continuar lançando outras nos próximos anos. No entanto, embora o volume de negócios seja um bom indicador de sucesso, a empresa também monitora de perto a participação e o entusiasmo internos como indicadores de progresso.

Colella explica que monitora fatores como: "Quantos dos nossos cofundadores internos cuja primeira startup fracassou se dispõem a voltar a tentar?", "Quantos grupos querem se informar sobre o que está sendo feito no D10X para poderem participar?", "Estamos tentando avaliar até que ponto todas as pessoas da empresa, desde a liderança sênior até nossos funcionários mais juniores que participam de alguma maneira no programa, estão afetando o mundo real de maneiras concretas?".

Os participantes do D10X são encorajados a aceitar os fracassos produtivos como algo natural e a compartilhar o que aprenderam com os fracassos, não só com os sucessos. Eles também são encorajados a lembrar que todo sucesso é fruto de muita coragem e tenacidade, demonstradas por pessoas espalhadas pela empresa toda. "Esse estilo de trabalhar e de pensar requer uma visão de longuíssimo prazo no que diz respeito ao que você está criando", diz Colella.

Qualquer pessoa que disser que vai ser fácil escalar estará mentindo. Como esse estudo de caso ilustra, transformar o trabalho do Sistema Operacional de Crescimento em uma capacidade de crescimento permanente demandará tempo, experimentação, esforço e a habilidade de se recuperar de uma longa série de fracassos. No entanto, como esse estudo de caso *também* ilustra, conceber uma maneira de escalar esse trabalho de uma maneira adequada à sua organização tem o potencial de construir uma máquina interna do Novo ao Grande capaz de criar várias startups geradoras de receita, *ano após ano*.

PARTA PARA O ATAQUE

10

O melhor fator preditivo do sucesso de um empreendimento do Novo ao Grande é algo que os fundadores aprendem na batalha implacável para lançar e escalar suas startups: tudo começa com o modo de pensar do CEO. Só nos demos conta do quanto é raro encontrar um líder de crescimento (alguém capaz de entregar de maneira confiável novos negócios do Novo ao Grande e uma nova receita líquida) no topo de uma empresa da Fortune 500 quando vimos a situação de perto. Dizer que ficamos alarmados seria pouco.

Uma pitada de franqueza radical: se o CEO e sua equipe de liderança não assumirem a responsabilidade direta pelo processo do Novo ao Grande, nem se empenharem para impulsioná-lo, o crescimento não ocorrerá. Ponto-final. Nesse caso, o problema dos empreendimentos não é dinheiro, ideias nem talentos, mas sim a liderança: líderes que perderam o incentivo e a habilidade para descobrir e criar o crescimento como uma capacidade organizacional permanente.

Na carta anual de Jeff Bezos aos acionistas da Amazon nos últimos 20 anos, ele vem reforçando continuamente a importância de manter a mentalidade do "Dia Um" e alertando contra a possibilidade de se tornar uma organização do "Dia Dois". Por ser um fundador, ele sabe da importância de a organização toda, começando por ele, preservar sua mentalidade empreendedora. Esse medo da complacência, de perder a velocidade, a garra e o apetite pelos riscos à medida que a cultura cresce é o que faz com que a Amazon seja mais como uma startup escalada do que uma empresa inchada e pesada (e o mercado financeiro a recompensou por isso).

No Dia Um, o ímpeto, a paixão, a capacidade de se adaptar e a energia estão no ponto máximo por serem necessários para a sobrevivência. Quando você perde essa energia, perde a capacidade de crescer. O Dia Dois é marcado pela estagnação e pela irrelevância. O Dia Três é um declínio prolongado e lancinante. Em muitos casos, esse pode ser seu maior desafio como CEO: restaurar a cultura de crescimento do "Dia Um".

O que leva a estas perguntas: vocês estão no jogo para vencer? Ou só estão jogando para não perder? Qual é a diferença? Enorme.

Conforme citado em um de meus livros favoritos sobre liderança de equipes, *Top Dog*, de Po Bronson e Ashley Merryman, em 2008 os pesquisadores Geir Jordet e Esther Hartman publicaram um estudo no qual avaliaram o desempenho sob pressão de jogadores profissionais de futebol nas disputas por pênalti.[1] Eles calcularam a taxa de conversão dos jogadores no chute final de uma disputa por pênaltis, comparando dois cenários: quando o time do jogador estava perdendo por um gol (de modo que seu time perderia se ele errasse o chute) e quando o time do jogador estava empatado (de modo que seu time venceria se ele acertasse o chute).

Jordet e Hartman descobriram que, no primeiro cenário, quando errar o chute levaria o time a perder, os jogadores profissionais converteram 62% dos chutes. No entanto, quando a conversão resultaria em vitória, a taxa foi de 92%. O chute é o mesmo, as regras são as mesmas, a distância é a mesma: a única diferença é a mentalidade do atleta.

Jogar para vencer implica ter permissão e investimento para competir, mesmo sem grandes chances de vencer. Já jogar para não perder implica proteger uma cultura engessada de eficiência e redução de riscos, incentivada principalmente a evitar e ocultar as consequências do fracasso.

A maioria das organizações que conhecemos está jogando para não perder. E o resultado é que a "inovação" acaba se transformando em uma espécie de chavão sem sentido. (Costumamos evitar a palavra "inovação" na Bionic porque sabemos de todos os danos cerebrais, bagagem e desconfiança que a acompanham.) Mesmo quando uma equipe de "inovação" recebe a atribuição de descobrir novas oportunidades e explorar novas soluções, tecnologias ou modelos de negócio, suas permissões e limites são estreitos: não corra riscos até ter certeza de que poderemos vencer. Faça a análise, calcule os números e crie uma projeção de 20 anos para que possamos criar um consenso. Se nada for lançado significa que nada vai fracassar, certo?

O crescimento é radicalmente diferente. O crescimento é urgente. O crescimento tem bases firmes nas verdades do mercado. O crescimento não se restringe a permissões nem a restrições invisíveis. O crescimento está na cultura – ou não. Coloque a mão na consciência e responda sinceramente: você pode mesmo dizer que está jogando para vencer?

Todos os CEOs e equipes com quem trabalhamos enfrentam as mesmas complexidades e mudanças no mundo que você enfrenta, e eles sabem que a velocidade da mudança só está aumentando. Eles também sabem que não têm como evitar isso. Esperamos que tenha ficado claro o custo de não instalar e não impulsionar uma capacidade permanente de crescimento. Esse custo é o doloroso e lancinante declínio do Dia Três.

O lado animador é que você não precisa prever o futuro para crescer. Você só precisa ajudar suas equipes a olharem para fora da empresa e descobrirem esse futuro. Não encarregue uma equipe de inovação para ir atrás do modismo de inovação do momento, mas comprometa recursos para descobrir e solucionar as verdadeiras necessidades dos clientes e semear um portfólio de apostas para atender a essas necessidades. Não envie sua equipe de venture capital corporativo ao Vale do Silício em uma caça a startups, nem faça investimentos inconsequentes em iniciativas de "aprendizagem estratégica". Integre seu venture capital corporativo à sua máquina do Novo ao Grande para financiar apostas que sejam *realmente* estratégicas e impulsionem seu portfólio de Áreas de Oportunidade. Não tenha medo das startups que estão surgindo. Parta para o ataque e vença-as em seu próprio jogo. Ninguém tem o monopólio desse modelo.

As startups venceram a primeira rodada de disrupção enquanto as empresas da Fortune 500 terceirizavam o crescimento e a inovação no Vale do Silício. Acreditamos que as empresas podem vencer a segunda rodada. Isso porque sabemos que você tem algumas armas não tão secretas na batalha pelo crescimento: clientes fiéis, canais de distribuição robustos, uma enorme capacidade de produção, sistemas de escala e o valor da marca com os quais as startups e os venture capitalists só podem sonhar. Você tem como acelerar a curva de adoção do cliente de uma maneira que as startups jamais conseguiriam. Você está em posição não só de ver e enfrentar o futuro, como também de fazer o futuro acontecer antes.

Os fundadores de startups recebem muita atenção hoje em dia, e alguns sucessos, como Jeff Bezos, da Amazon, Sara Blakely, da Spanx, e Elon Musk, da Tesla/SpaceX, oferecem histórias emocionantes e visões baseadas na personalidade única dessas pessoas que a mídia consome com avidez. Pode ser tentador olhar para esses fundadores com uma mistura de descrença e reverência (e talvez uma pitada de atitude defensiva e inveja da avaliação das empresas deles no mercado de ações) e se convencer de que eles jogam seguindo regras diferentes das suas. Afinal, você é o líder de uma grande organização estabelecida e não participou de sua fundação. É verdade.

Contudo, você pode ser um *refundador*.

Os refundadores são líderes que, apesar de não terem criado a empresa do zero, adotam a mentalidade e o modelo do Dia Um nos quais os fundadores se baseiam. Como vimos no Capítulo 2, Satya Nadella, da Microsoft, é um excelente exemplo de refundador. Assim que assumiu o cargo de CEO, em 2014, ele se pôs a redirecionar a empresa toda para iniciativas centradas no crescimento.

"Se você não mergulhar no novo", ele afirmou, "não vai sobreviver."

Com sólidas raízes nessa maneira de pensar, Nadella desafiou a empresa a ir além de seus produtos consolidados e começar a investir em novas tecnologias, como a inteligência artificial e o Software como Serviço (SaaS). Com o lançamento do Azure, ele posicionou a Microsoft a crescer para se tornar uma gigante da computação em nuvem. Adquiriu o LinkedIn para conectar os serviços da Microsoft ao gráfico social da empresa e, em seguida, adquiriu o GitHub para voltar a engajar a Microsoft com o mundo dos desenvolvedores, agora na qualidade de parceiro, e não como um cliente qualquer.

Nadella sempre fez questão de enfatizar a importância de cultivar uma mentalidade de crescimento: pensar em termos do longo prazo, utilizar uma abordagem de teste e aprendizado e ser obcecado pelos problemas, necessidades e resultados do cliente. Ele também deu à empresa permissão para aprender com os fracassos, sobretudo no caso do Windows Phone. "Para ter uma cultura verdadeiramente tolerante a riscos, não é produtivo considerar cada fracasso um fracasso. Você precisa ser capaz de ver o fracasso como uma oportunidade de aprender", ele explicou ao *Business Insider* em 2017.[2]

O mercado recompensou suas táticas ousadas e sua mentalidade visionária. Depois de anos de estagnação, a Microsoft recuperou seu lugar na lista das cinco empresas com maior capitalização de mercado do mundo. Hoje, o mercado financeiro considera a Microsoft uma empresa em crescimento.

Não é tão difícil seguir o exemplo de Nadella. O Sistema Operacional de Crescimento monta uma máquina do Novo ao Grande dentro da organização existente. Este livro é seu manual para configurar e instalar a máquina do Novo ao Grande ao lado das operações do Grande ao Maior. Juntos, esses dois sistemas operacionais lhe darão o poder de descobrir e validar novas ideias com a velocidade e o custo das startups, e depois lançar as ideias validadas em novos negócios na escala das grandes empresas.

Instalar o Sistema Operacional de Crescimento será seu salto gigante para alavancar o futuro. Você despertará uma mentalidade de crescimento cultural promovendo sua empresa para se transformar em um impulsionador prolífico e permanente de crescimento. Você mostrará a seus colegas, acionistas, funcionários e concorrentes que atua como um líder ambidestro, com a capacidade de ao mesmo tempo operar e criar, com a capacidade de vencer tanto no Grande ao Maior quanto no Novo ao Grande.

O grande costumava vencer o pequeno e, hoje em dia, o rápido vence o grande. Mas agora você está pronto. Você parou de lançar olhares invejosos ao Vale do Silício e não vê a hora de virar a mesa e fazer as startups terem inveja de *você*. Você está preparado para partir para o ataque e conquistar grandes vitórias. Chegou a hora.

E nós precisamos que você tenha sucesso. Seus parceiros, clientes e stakeholders precisam que você tenha sucesso. Esperamos que, no mínimo, nosso livro o tenha convencido a encarar os grandes desafios da atualidade. Seu legado de liderança está em transformar o desejo e a capacidade de sua organização de vislumbrar e criar um futuro equitativo, acessível e sustentável. Se uma startup tiver uma ideia inovadora, ela precisará lutar com todas as forças para avançar. Se você tiver a mesma ideia, poderá usar seus recursos e sua escala para fazer a mudança acontecer instantaneamente, não importa se essa ideia envolver usar menos água em sua cadeia de suprimento, reduzir o custo de energia renovável ou aumentar o acesso a produtos e serviços financeiros.

A hora de agir é agora. Nós acreditamos em você!

David, Christina e a equipe da Bionic
david@onbionic.com
christina@onbionic.com

AGRADECIMENTOS

Este livro não teria sido possível sem a amizade e os insights de Beth Comstock, que tanto nos ajudou na criação da Bionic e acendeu a primeira fagulha do que viria a se tornar o Sistema Operacional de Crescimento. Nossa mais profunda gratidão a Anne Berkowitch, co-fundadora da Bionic, uma incrível fonte de opiniões e sugestões para David e a extraordinária editora dos primeiros manuscritos deste livro. Janice Fraser, que também leu os primeiros manuscritos, contribuiu com um feedback excelente para melhorar a fluidez da leitura e a pontuação do texto, além de ter sido uma importante colaboradora para o conteúdo dos capítulos sobre pessoas e equipes. E Susan Green fez (e continua fazendo) tudo acontecer, em altos malabarismos com a agenda de David e dando um jeito de incluir na agenda lotada entrevistas e tempo para escrever o livro nos intervalos entre seu trabalho à frente da Bionic, além de ser pai e marido.

Agradecemos aos *venture partners*, gerentes de produto, etnógrafos, analistas, gerentes de conta e empreendedores da Bionic do passado e do presente que contribuíram com suas experiências, trabalhando com o Sistema Operacional de Crescimento: Godfrey Bakuli, Leslie Bradshaw, Margot Brassil, Greg Brody, Katie Chanpong, Owen Davis, Maxine Friedman, John Geraci, Viv Goldstein (que começou a trabalhar conosco ao criar a FastWorks, na GE), Danielle Hildebrandt, Hanny Hindi, Caroline Hribar, Emma Imber, Dennis Jones, Lyndsay

Katz, Juliette LaMontagne, Abigail Rogers-Berner, Stephanie Schott, Kevin Schroeder, Kimberly Skelton, Graham Smith, Janice Semper, Rick Smith, Ariel Steinlauf e Katie Tilson. Também somos gratos à equipe da Bionic Labs pelo trabalho incrível de design e desenvolvimento do site: Zayne Abraham, Tess Dennison, Eric Freitag, Jordan Kerzee, Bronson McKinley e KJ Zeitlian.

Também precisamos agradecer aos nossos parceiros por embarcarem nesta jornada conosco e a alguns parceiros específicos que fizeram contribuições incríveis para o desenvolvimento do Sistema Operacional de Crescimento: Lindsey Argalas, Nina Barton, Chip Bergh, Chris Boeckerman, Debbie Brackeen, Carlos Brito, Ana Botin, Terri Bresenham, Vanessa Colella, Mike Corbat, Christopher Crane, Pedro Earp, Kathy Fish, Eric Gebhardt, John Gerspach, John Hart, Tim Hockey, Brian Hoff, Debby Hopkins, Kate Johnson, Hannah Jones, Carey Kolaja, Jud Linville, Robert Locke, Tim Noonan, George Oliver, Patrick O'Riordan, Mark Parker, Julie Setser, Lorenzo Simonelli, David Taylor e Jack Thayer.

Somos muito gratos a nossos mentores, consultores e conselheiros, que nunca deixaram de nos incitar a ir além: Sunny Bates, Randall Beard, Mark Bonchek (o homem que cunhou a expressão "Novo ao Grande"), Bruce Brown, Pauline Brown, Adam Grant, Susan Lyne, Stanley McChrystal, Gautam Mukunda, Wendy Murphy, Eric Ries, Jim Stengel e Jeff Walker.

Nick Beim, Tim Chang, Chris Dixon, Roger Ehrenberg, Brad Feld, Chris Fralic, David Hirsch, Rick Heitzmann, Reid Hoffman, James Joaquin, Eric Paley, Chris Sacca, David Tisch e Albert Wenger nos concederam generosamente seu tempo e compartilharam conosco lições aprendidas a duras penas como investidores veteranos, aceitando ser entrevistados por nós e esclarecendo dúvidas durante todo o processo de pesquisa.

Por fim, somos imensamente gratos a Sally McGraw, que ajudou Christina na elaboração do texto e nas pesquisas. (Se você estiver escrevendo um livro de negócios, sugerimos vivamente procurar a ajuda dela.)

Agradecemos aos nossos parceiros da Currency, Roger Scholl e Tina Constable, e suas fabulosas equipes. E não podemos deixar de fazer um agradecimento especial a Joy Tutela, da David Black Agency. Joy é o tipo de agente que é o sonho de qualquer escritor. Somos gratos por embarcar nesta jornada maluca mais uma vez.

Se o livro decepcionou em alguns momentos, pedimos desculpas antecipadamente. E, se você sublinhou algumas ideias ou fez anotações nas margens sobre algo que aprendeu e queira compartilhar, é provável que isso tenha resultado da sabedoria coletiva e do trabalho das pessoas listadas nestas páginas.

Por fim, devemos um enorme agradecimento às nossas respectivas famílias, por todo o apoio e paciência nesta empreitada. A Johanna Zeilstra e Jack, Stephen e Lucas Kidder, muito obrigado pela elegância de me ensinar que somos todos obras em andamento, por me permitir viver com base em um propósito, mesmo à custa de momentos juntos. (Eu amo vocês de todo o coração.) E para Chas Carey e nossas plantas, Odo de Carelace e Wort, Christina jamais imaginou que seria possível amar alguém tanto quanto ela ama vocês.

GLOSSÁRIO

10x: uma solução exponencialmente ("dez vezes") melhor do que qualquer solução utilizada atualmente pelo cliente.

Área de Oportunidade: uma área de oportunidade de crescimento descoberta na intersecção entre novos comportamentos/necessidades dos clientes e novas tecnologias/tendências.

clientes *beachhead*: um segmento específico de clientes que deve ser conquistado primeiro, antes de expandir as ofertas de produto ou serviço ao público mais amplo.

cofundador: um membro de uma equipe de Área de Oportunidade; um intraempreendedor da organização.

Conselho de Crescimento: um grupo montado em uma organização com o poder de aprovar, financiar e promover apostas. Atua basicamente como um fundo de venture capital que investe em novos empreendimentos dentro da empresa e administra um portfólio de apostas voltadas ao crescimento.

Equipe de Operações Especiais: o grupo de solucionadores criativos de problemas, responsável por impulsionar e escalar o Sistema Operacional de Crescimento em suas respectivas organizações.

líder ambidestro: um líder que é ao mesmo tempo um exímio operador nos negócios existentes e um criador de novos negócios; alguém capaz de liderar tanto no Grande ao Maior como no Novo ao Grande.

Mercado Total Disponível (TAM): a demanda do mercado por um produto ou serviço que uma empresa tem condições de capturar (ou abordar).

Parceiro Externo do Empreendimento: um empreendedor experiente e um investidor em startups de estágio inicial que pode contribuir, no Conselho de Crescimento, com a perspectiva independente de um criador de fora da empresa para avaliar e explorar oportunidades de startups.

Patrocinador Executivo: um executivo sênior que orienta uma equipe de cofundadores, incentivando-os a pensar fora da caixa, encorajando um trabalho de validação mais rigoroso e removendo obstáculos.

players e promotores: os players são pessoas dedicadas exclusivamente ao Sistema Operacional de Crescimento, como os cofundadores. Os promotores são pessoas que só têm um envolvimento parcial no Sistema Operacional de Crescimento, mas são cruciais para viabilizar o trabalho dos players, por atuar em funções de suporte, como marketing ou finanças.

Problema Total Disponível (TAP): a demanda estimada para resolver um problema de uma maneira radicalmente nova, caso seja descoberta uma solução hipotética a um preço acessível.

talentos únicos: os recursos e as competências que só a organização tem e que podem ser alavancados para promover o crescimento.

verdade do mercado: uma verdade sustentada por evidências, muitas vezes descobertas em testes e observações do comportamento do cliente (o que ele faz), e não em questionários e levantamentos com o cliente (o que ele diz).

zumbis: projetos que sugam talentos e recursos porque ninguém na organização consegue matá-los sem ter de enfrentar uma série de dificuldades, como a política organizacional, críticas ou prejuízo à carreira.

NOTAS

Capítulo 2

1. Steven Pearlstein, "How the Cult of Shareholder Value Wrecked American Business", *Wonkblog* (blog), *Washington Post*, 9 set. 2013.
2. Roger L. Martin, "The Age of Customer Capitalism", *Harvard Business Review*, jan. 2010.
3. Clayton M. Christensen, "A Capitalist's Dilemma, Whoever Wins on Tuesday", *New York Times*, 3 nov. 2012.
4. Robert W. Patterson, "'Whatever's Good for America...'", *National Review*, 1o jul. 2013.
5. John Kenneth Galbraith, *The New Industrial State* (Boston: Houghton Mifflin Company, 1967).
6. Pearlstein, "How the Cult of Shareholder Value Wrecked American Business".
7. Martin, "The Age of Customer Capitalism".
8. David Graeber, *The Utopia of Rules* (Nova York: Melville House, 2015).
9. Martin, "The Age of Customer Capitalism".
10. Pearlstein, "How the Cult of Shareholder Value Wrecked American Business".
11. World Bank, "Stock Market Turnover Ratio (Value Traded/Capitalization) for United States [DDEM01USA156NWDB]",

acessado em FRED, Federal Reserve Bank of St. Louis, 31 jan. 2018, https://fred.stlouisfed.org/series/DDEM01USA156 NWDB.

12. Richard Parker, *John Kenneth Galbraith: His Life, His Politics, His Economics* (Chicago: University of Chicago Press, 2006), p. 613.

13. "Stock Market Turnover Ratio (Value Traded/Capitalization) for United States [DDEM01USA156NWDB]".

14. Clayton M. Christensen e Derek van Bever, "The Capitalist's Dilemma", *Harvard Business Review*, jun. 2014.

15. Six Sigma, "The History of Six Sigma", https://www.isixsigma.com/new-to-six-sigma/history/history-six-sigma/.

16. Six Sigma, "The Importance of Six Sigma Training", https://www.sixsigmaonline.org/six-sigma-training-certification-information/the-history-and-development-of-six-sigma/.

17. Christensen e Bever, "The Capitalist's Dilemma".

18. Martin, "The Age of Customer Capitalism".

19. Ben Geier, "What Did We Learn from the Dotcom Stock Bubble of 2000?", *Time*, 12 mar. 2015.

20. "The Dot-Com Bubble Bursts", *New York Times*, 24 dez. 2000.

21. Kurt Eichenwald, "Microsoft's Lost Decade", *Vanity Fair*, 24 jul. 2012.

22. Sarah Green Carmichael, entrevista com Satya Nadella, "Microsoft's CEO on Rediscovering the Company's Soul", 28 set. 2017, *HBR IdeaCast* (podcast), *Harvard Business Review*, https://hbr.org/ideacast/2017/09/microsofts-ceo-on-rediscovering-the-companys-soul.

23. Nilay Patel, entrevista com Satya Nadella, "The Future of Microsoft with Satya Nadella", *Verge Video*, The Verge, 7 out. 2015, https://www.theverge.com/video/2015/10/7/9473677/microsoft-windows-10-device-event-satya-nadella-interview.

24. Bob Evans, "Microsoft's Soaring Growth in the Cloud Makes Marc Benioff's Digs Seem Silly", *Forbes*, 13 nov. 2017.

25. Larry Fink, "A Sense of Purpose", carta anual aos CEOs, https://www.blackrock.com/corporate/en-us/investor-relations/larry-fink-ceo-letter.
26. Harvard Kennedy School, "Julie Battilana Says It's Time to Understand How to Maximize Social Value", inverno 2018, https://www.hks.harvard.edu/research-insights/policy-topics/social-innovation-philanthropy/julie-battilana-says-its-time.
27. Eric Ries, *The Startup Way: How Modern Companies Use Entrepreneurial Management to Transform Culture and Drive Long- Term Growth* (Nova York: Currency, 2017), p. 12.

Capítulo 3

1. Aswath Damodaran, "Uber Isn't Worth $17 Billion", FiveThirtyEight, 18 jun. 2014.
2. Bill Gurley, "How to Miss by a Mile: An Alternative Look at Uber's Potential Market Size", *Above the Crowd* (blog), 11 jul. 2014, http://abovethecrowd.com/2014/07/11/how-to-miss-by-a-mile-analternative-look-at-ubers-potential-market-size/.

Capítulo 4

1. Jeff Desjardins, "Here's How Commercial Drones Grew Out of the Battlefield", *Business Insider*, 14 dez. 2016.
2. Anton Wahlman, "Tesla Doesn't Even Have a Model 3 Beta Prototype Yet", *Car and Driver*, 2 mar. 2017.
3. WD-40, "History: Fascinating Facts You Never Learned in School", https://www.wd40.com/cool-stuff/history.
4. Benedict Evans, "In Praise of Failure" (blog), 10 ago. 2016, https://www.ben-evans.com/benedictevans/2016/4/28/winning-and-losing.

5. Vahid Monadjem, "Be Good at Being Wrong by Getting It Right Quickly", *Entrepreneur Magazine*, 25 jun. 2015, https://www.entrepreneurmag.co.za/advice/starting-a-business/launch/be-good--at-being-wrong-by-getting-it-right-quickly/.

6. *National Geographic*, Genographic Project, "The Development of Agriculture", https://genographic.nationalgeographic.com/development-of-agriculture/.

7. "The Creed of Speed", *Economist*, informe da edição impressa, 5 dez. 2015.

8. Robert McMillan, "Turns Out the Dot-Com Bust's Worst Flops Were Actually Fantastic Ideas", *Wired*, 8 dez. 2014.

9. Julie Wainwright, "Former Pets.com CEO: Here's the Real Reason the Company Blew Up", *Business Insider*, 3 fev. 2011.

10. Kristin Wong, "Why It's So Hard to Admit You're Wrong", *Smarter Living* (blog), *New York Times*, 22 maio 2017.

11. Paul Randolph, "Why Being Wrong Really Hurts", *Guardian* (Reino Unido), 28 fev. 2016.

12. Judith E. Glaser, "Your Brain Is Hooked on Being Right", *Harvard Business Review*, fev. 2013.

13. Ana Swanson, "How to Convince Someone to Change Their Mind, According to Science", *Independent* (Reino Unido), 11 fev. 2016.

14. Larry Johnson e Bob Phillips, *Absolute Honesty: Building a Corporate Culture That Values Straight Talk and Rewards Integrity* (Nova York: AMACOM, 2003), p. 112.

15. Gaylin Jee, "What Is Your Company's Mindset Orientation?", (blog) 33 Emeralds, 30 mar. 2017, https://thirtythreeemeralds.com/2017/03/30/what-is-your-companys-mindset-orientation/.

16. John Battelle, "Getting Past 'Addicted to Being Right'—Bringing the Outside In at Citi", *Shift* (blog), NewCo, 6 set. 2018, https://shift.newco.co/getting-past-addicted-to-being-right-bringing-the--outside-in-at-citi-1102930da843.

17. Ben Horowitz, "Lead Bullets" (blog), Andreessen Horowitz, 12 nov. 2011, https://a16z.com/2011/11/13/lead-bullets/.
18. David Sturt, "Creativity: How Constraints Drive Genius", *Groupthink* (blog), *Forbes*, 12 jul. 2013.
19. Stav Ziv, "A Brief History of SpaceX", TechCrunch, 20 jan. 2016, newsweek.com/spacex-timeline-brief-history-reusable-rocket--launches-417944.
20. Chris Dixon, entrevista com Eric Ries, "Eric Ries on 'Vanity Metrics' and 'Success Theater'", TechCrunch, 24 set. 2011.
21. James G. March, "Exploration and Exploitation in Organizational Learning", Organization Science 2, no. 1 (fev. 1991), http://www.analytictech.com/mb874/papers/march.pdf.
22. Entrevista com Fidji Simo, "How Facebook's VP of Product Finds Focus and Creates Conditions for Intentional Work", *First Round Review*, http://firstround.com/review/how-facebooks-vp-of-product-finds-focus-and-creates-conditions-for-intentional-work/.

Capítulo 5

1. Rita Gunther McGrath, "The Pace of Technology Adoption Is Speeding Up", *Harvard Business Review*, 25 nov. 2013.
2. Stanford d.school, "Extreme Users", http://dschool-old.stanford.edu/wp-content/themes/dschool/method-cards/extreme-users.pdf.
3. Dale Buss, "Consumers Want More Product Customization, But Manufacturers May Not Be Able to Deliver", *Chief Executive*, 31 jul. 2018, https://chiefexecutive.net/consumers-want-more-product--customization-but-manufacturers-may-not-be-able-to-deliver/.
4. Steven Zeitchik, "'Black Panther' Will Break Box-Office Records. But Will It Change the Movie Business?", *Chicago Tribune*, 16 fev. 2018.
5. Mariama Sow e Amadou Sy, "Lessons from Marvel's Black Panther: Natural Resource Management and Increased Openness

in Africa", Brookings, 23 fev. 2018, https://www.brookings.edu/blog/africa-in-focus/2018/02/23/lessons-from-marvels-black--panther-natural-resource-management-and-regional-collaboration-in-africa/.

6. Carvell Wallace, "Why 'Black Panther' Is a Defining Moment for Black America", *New York Times Magazine*, 12 fev. 2018.

7. "Silicon Valley Gets a Taste for Food", *Economist*, print edition, Technology Quarterly, 5 mar. 2015.

8. Benedict Evans, "Ways to Think About Market Size", (blog), 28 fev. 2018, https://www.ben-evans.com/enedictevans/2015/2/28/market-size.

9. Morgan Brown, "Airbnb: The Growth Story You Don't Know", Growth Hackers, 4 set. 2014, https://growthhackers.com/growth-studies/airbnb.

10. Biz Carson, "How 3 Guys Turned Renting an Air Mattress in Their Apartment into a $25 Billion Company", *Business Insider*, 23 fev. 2016.

11. Ibid.

12. Ibid.

13. Ibid.

14. Brown, "Airbnb: The Growth Story You Don't Know".

15. Ibid.

16. Ibid.

17. "Experiences" (aba), Airbnb.com, https://www.airbnb.com/s/experiences.

18. Leigh Gallagher, "Airbnb CEO: Here's How 'Experiences' Are Doing So Far", *Fortune*, 23 out. 2017.

19. Ibid.

20. Ibid.

Capítulo 6

1. Tonya Garcia, "Amazon's Aggressive Warehouse and Shipping Strategy Is Paying Off", MarketWatch, 10 jan. 2017, https://www.marketwatch.com/story/amazon-has-taken-convenience--to-a-new-level-and-its-hurting-offline-rivals-2017-01-09.
2. Lauren Goode, "Tons of People Are Buying Fitbits, but Are They Actually Using Them?", The Verge, 6 ago. 2015, https://www.theverge.com/tech/2015/8/6/9110035/fitbit-fitness-tracker-watch-active-users-sales.
3. Julia Lurie, "What We've Suspected About Fitbits All Along Is True", *Mother Jones*, 4 out. 2016.
4. Nike, programa EasyKicks, https://www.easykicks.com/.
5. "How a Pitch in a Neiman Marcus Ladies Room Changed Sara Blakely's Life", *How I Built This* (podcast), NPR, 12 set. 2016, https://www.npr.org/templates/transcript/transcript.php?storyId=493312213.

Capítulo 7

1. Seth Levine, "Venture Outcomes Are Even More Skewed Than You Think", *VCAdventure* (blog), 12 ago. 2014, https://www.sethlevine.com/archives/2014/08/venture-outcomes-are-even--more-skewed-than-you-think.html.
2. Chris Dixon, "Performance Data and the Babe Ruth Effect in Venture Capital" (blog), Andreessen Horowitz, 8 jun. 2015, https://a16z.com/2015/06/08/performance-data-and-the--babe-ruth-effect-in-venture-capital/.
3. Robert H. Hayes e William J. Abernathy, "Managing Our Way to Economic Decline", *Harvard Business Review*, jul.-ago. 2007.
4. Entrevista com Adam Grant, "'Originals': How Anyone Can Become a Trailblazer", *Knowledge@Wharton* (podcast), 2 fev. 2016,

http://knowledge.wharton.upenn.edu/article/how-non-conformists-move-the-world/.

5. "You May Need a Stranger on Your Portfolio Review Committee", Viewpoints on Innovation, 17 ago. 2010, http://viewpoints.io/entry/you-may-need-a-stranger-on-your-portfolio-review--committee.

Capítulo 9

1. Clayton M. Christensen e Stephen P. Kaufman, "Assessing Your Organization's Capabilities: Resources, Processes, and Priorities", module note (Boston: Harvard Business Publishing, 2008).

2. Comunicado à imprensa, "Citi and Computershare Collaborate to Launch Innovative Digital Platform for Proxy Voting", BusinessWire, 28 jun. 2018, https://www.businesswire.com/news/home/20180628005883/en/Citi-Computershare-Collaborate--Launch-Innovative-Digital-Platform.

Capítulo 10

1. G. Jordet e E. Hartman, "Avoidance Motivation and Choking under Pressure in Soccer Penalty Shootouts", *Journal of Sport & Exercise Psychology* 30, no. 4 (2008): 450-457.

2. Krzysztof Majdan e Michał Wasowski, "We Sat Down with Microsoft's CEO to Discuss Past, Present and Future of the Company", *Business Insider*, 20 abr. 2017.

FONTES

MENTALIDADE DE CRESCIMENTO DOS EXECUTIVOS

Livros

Aperte o F5: a transformação da Microsoft e a busca de um futuro melhor para todos, de Satya Nadella, Greg Shaw e Jill Tracie Nichols

Disrupção e inovação: como sobreviver ao futuro incerto, de Joi Ito e Jeff Howe

Feitas para servir: como lucrar colocando o cliente no centro do seu negócio, de Frances Frei e Anne Morriss

Imagine It Forward: Courage, Creativity, and the Power of Change, de Beth Comstock e Tahl Raz

Team of Teams: New Rules of Engagement for a Complex World, de General Stanley McChrystal, Tantum Collins, David Silverman e Chris Fussell

Top Dog: The Science of Winning and Losing, de Po Bronson e Ashley Merryman

Unleashing the Innovators: How Mature Companies Find New Life with Startups, de Jim Stengel e Tom Post

Palestras

"Listen, Learn... Then Lead", de Stanley McChrystal, https://www.ted.com/talks/stanley_mcchrystal

"The Power of Experimentation", de Scott Cook https://www.youtube.com/watch?v=Z0vA6Bsuew0

EMPREENDEDORISMO

Livros

Dez tipos de inovação: a disciplina de criação de avanços de ruptura, de Larry Keeley, Helen Walters, Ryan Pikkel e Brian Quinn

O estilo startup: como as empresas modernas usam o empreendedorismo para transformar sua cultura e impulsionar seu crescimento, de Eric Ries

Lean Analytics: Use Data to Build a Better Startup Faster, de Alistair Croll e Benjamin Yoskovitz

Lean Customer Development: Build Products Your Customers Will Buy, de Cindy Alvarez

Sprint: o método usado no Google para testar e aplicar novas ideias em apenas cinco dias, de Jake Knapp e John Zeratsky

A startup enxuta: como usar a inovação contínua para criar negócios radicalmente bem-sucedidos, de Eric Ries

Startup: manual do empreendedor, de Steve Blank e Bob Dorf

The Startup Playbook: Secrets of the Fastest-Growing Startups from Their Founding Entrepreneurs, de David Kidder

TALENTOS E PESSOAS

Livros

Agilidade emocional: abra sua mente, aceite as mudanças e prospere no trabalho e na vida, de Susan David

The Alliance: Managing Talent in the Networked Age, de Reid Hoffman, Ben Casnocha e Chris Yeh

Avalie o que importa: como o Google, Bono Vox e a Fundação Gates sacudiram o mundo com os OKRs, de John Doerr

Comece pelo porquê: como grandes líderes inspiram pessoas e equipes a agir, de Simon Sinek

Empatia assertiva: como ser um líder incisivo sem perder a humanidade, de Kim Scott

Garra: o poder da paixão e da perseverança, de Angela Duckworth

Good People: The Only Leadership Decision That Really Matters, de Anthony Tjan

O poder do hábito: por que fazemos o que fazemos na vida e nos negócios, de Charles Duhigg

O poder dos quietos: como os tímidos e introvertidos podem mudar um mundo que não para de falar, de Susan Cain

Palestras

"People, Leadership, and Startups", de Bill Campbell, https://youtu.be/GHLg1wDuc10

"The Surprising Habits of Original Thinkers", de Adam Grant, https://www.ted.com/talks/adam_grant_the_surprising_habits_of_original_thinkers

"Why the Best Hire Might Not Have the Perfect Resume", de Regina Hartley, https://www.ted.com/talks/regina_hartley_why_the_best_ hire_might_not_have_the_perfect_resume

"Why the Secret to Success Is Setting Good Goals", de John Doerr https://www.ted.com/talks/john_doerr_why_the_secret_to_success_is_setting_the_right_goals

DESIGN THINKING

Livros

Confiança criativa: libere sua criatividade e implemente suas ideias, de Tom e David Kelley

Design de negócios: por que o design thinking se tornará a próxima vantagem competitiva dos negócios e como se beneficiar disso, de Roger L. Martin

Design thinking: uma metodologia poderosa para decretar o fim das velhas ideias, de Tim Brown

A estratégia das 3 caixas: um modelo para fazer a inovação acontecer, de Vijay Govindarajan

The Field Guide to Human-Centered Design: Design Kit, de IDEO.org

Make Space: How to Set the Stage for Creative Collaboration, de Scott Doorley, Scott Witthoft e Hasso Plattner Institute of Design na Universidade Stanford

O projeto desfazer: a amizade que mudou nossa forma de pensar, de Michael Lewis

Regras da criatividade: tire as ideias da cabeça e leve-as para o mundo, de Tina Seelig

Thinking in Systems: A Primer, de Donella H. Meadows

PRÁTICAS E MENTALIDADES DO VENTURE CAPITAL

Livros

Blitzscaling: o caminho vertiginoso para construir negócios extremamente valiosos, de Reid Hoffman e Chris Yeh

De zero a um: o que aprender sobre empreendedorismo com o Vale do Silício, de Peter Thiel e Blake Masters

High Growth Handbook, de Elad Gil

O jogo das startups: por dentro da parceria entre os investidores de risco e os empreendedores, de William H. Draper III

The Masters of Private Equity and Venture Capital: Management Lessons from the Pioneers of Private Investing, de Robert Finkel e David Greising

Messy Middle: Finding Your Way Through the Hardest and Most Crucial Part of Any Bold Venture, de Scott Belsky

The Shareholder Value Myth: How Putting Shareholders First Harms Investors, Corporations, and the Public, de Lynn Stout

Smart People Should Build Things: How to Restore Our Culture of Achievement, Build a Path for Entrepreneurs, and Create New Jobs in America, de Andrew Yang

Thinking in Bets: Making Smarter Decisions When You Don't Have All the Facts, de Annie Duke

Venture Capitalists at Work: How VCs Identify and Build Billion-Dollar Successes, de Tarang e Sheetal Shah

PESQUISAS ACADÊMICAS

Livros

O dilema da inovação: quando as novas tecnologias levam as empresas ao fracasso, de Clayton M. Christensen

Exploration & Exploitation in Organizational Learning, de James March

Originais: como os inconformistas mudam o mundo, de Adam Grant

Teaming: How Organizations Learn, Innovate, and Compete in the Knowledge Economy, de Amy C. Edmondson